Diogenes Taschenbuch 21748

de
te
be

Fernande Olivier

Picasso und seine Freunde

Erinnerungen aus den Jahren 1905–1913

Vorwort von Paul Léautaud

Aus dem Französischen von Gertrud Droz-Rüegg

Mit Reproduktionen von 30 Bildern, Plastiken, Dokumenten und 28 Fotos auf Tafeln und 16 Zeichnungen im Text

Diogenes

Titel der französischen Originalausgabe:
›Picasso et ses amis‹, Paris 1933
Die deutsche Erstausgabe erschien 1957
unter dem Titel ›Neun Jahre mit Picasso‹
in der Sammlung ›Atelier‹ im Diogenes Verlag
Das Namenregister wurde von
Ueli Duttweiler erstellt
Reproduktionsrechte: s.p.a.d.e.m., Paris
Covermotiv: Pablo Picasso im Jahre 1904,
fotografiert von seinem Freund Ricardo Canals
in dessen Atelier in Paris

www.diogenes.ch
10/23/852/8
ISBN 978 3 257 21748 3

Vorwort

Ich habe eine große Liebe für Memoiren, Erinnerungsschriften, Briefwechsel. Dies sind nach meiner Ansicht die einzigen Bücher, welche die Jahre überdauern und immer wieder mit Vergnügen und Gewinn gelesen werden. Besonders wenn die Schreibenden gute, intelligente und geistreiche Beobachter sind, welche sehen, hören und im Gedächtnis behalten, sich nicht um alberne Kleinigkeiten kümmern und nichts anderes anstreben, als klar und wahr zu sein. Daß man etwas zu sagen hat und daß man es auf möglichst einfache Art sagt, dazu braucht es schließlich am allermeisten schriftstellerisches Talent.

Es mag schöngeistige Werke geben, die uns ergreifen, die uns über den Alltag hinausheben, die uns für einen Augenblick in ein schöneres, reicheres, stärkeres, glühenderes Leben versetzen. Ich habe solche Werke gelesen – ich lese keine mehr – wie alle Leute. Ich war gepackt, hingerissen, entzückt. Und nachher? Wenn die Lektüre beendet ist – geht es Euch nicht wie mir? Man fragt sich mit noch etwas benommenem Kopf, wozu diese extravaganten Geschichten gut sein sollen mit ihren überlebensgroßen Gestalten, ihren völlig erfundenen Umständen, die, in vergrößertem Format, den Geschichten gleichen, welche alte Frauen erdichten, um die Kinder zu verblüffen. Übertreibe ich wohl? Ich gehe sogar so weit, daß ich mich frage, was für ein Vergnügen es bereiten kann, solche Geschichten zu schreiben. Ganz anders ein Buch der direkten Beobachtung, mit wahren Erinnerungen an wirkliche Menschen und Ereignisse, die zugleich ein Bild eines Gesellschaftskreises oder einer Epoche darstellen.

La Fontaine hat das entzückende Wort gesagt: «Ihr werdet sagen: ich war dabei, diese Dinge passierten mir …» Beim Schreiben erlebt man das Erlebte noch einmal, und man läßt es auch den Leser erleben.

Diese schriftstellerischen Qualitäten und das Vergnügen, das ich bei der Lektüre empfand, haben mich schon beim Erscheinen der ersten Teilstücke in der

Zeitung Le Soir *für die Erinnerungen von Madame Fernande Olivier eingenommen. Ich war entzückt, ich finde kein anderes Wort. Ein so einfacher Stil und dennoch so ausdrucksvoll! Ich las weitere Stücke, die in* Mercure *erschienen. Ich las den ganzen Band, um hier diese paar Zeilen zu schreiben. Ich habe meine Ansicht nicht geändert. Wären alle Bücher wie dieses: lebendig und voll Natürlichkeit! Es birgt sich darin noch ein anderes bemerkenswertes Talent: eine Art und Weise, so geschickt, so diskret von sich selber zu sprechen, daß man meinen könnte, es handle sich um jemand anders.*

Madame Fernande Olivier hat als ganz jung und während langer Zeit in einem Kreis von Malern gelebt. Sie spricht in ihren Erinnerungen oft über den Kubismus, von seinen Urhebern, von den Eingeweihten, von den Manifestationen dieser neuen Richtung. Ich bin nicht Kunstkritiker, und ich schreibe über diese Dinge kein Wort. Aber von vielen Seiten hat man mir gesagt, daß die Ansichten, die sie äußert, ihre Würdigungen, ihre Urteile, ihre Erklärungen oft sehr richtig sind und einen in dieser Beziehung ausgezeichneten kritischen Sinn verraten. Dadurch wird ihr Buch zu einem Dokument, auf das man sich beziehen wird. Neben den Malern hat sie auch Schriftsteller aus der Nähe gekannt, die damals jung waren und von denen einige seither bekannt geworden sind. Eine Folge von köstlichen Portraits, die Zug um Zug, Seite um Seite weitergeführt werden und von vollkommener Ähnlichkeit sind. Apollinaire zum Beispiel bei dem Dîner, das sie beschreibt, oder die Einzelheiten über die Affäre der Louvre-Statuetten – da sehen wir ihn, als ob er noch unter uns wäre. Und Max Jacob, der wie ein Seiltänzer von weit her gekommen scheint, mit seinem malerischen Aussehen, seiner besonderen Lebensart, mit der Freigebigkeit des armen Dichters, der nach Möglichkeiten fahndet, reich zu sein, um andern zu helfen – er ist es ganz und gar, zu unserer großen Freude. Unter diese künftigen Berühmtheiten mischt sich auch noch ein liebenswerter ‚Philister'. Es ist der Kohlenhändler von der Rue d'Orchampt, der dem Haushalt Picassos im Winter die Kohlen lieferte, ohne je eine Rechnung zu präsentieren, denn er hatte eine heimliche Liebe für die Gefährtin des Malers. Nur das Wunder der Liebe kann einen Auvergnat selbstlos und edel machen.

Diese Erinnerungen werden also den Lesern gefallen, die sich für außergewöhnliche Menschen interessieren. Die Romanhelden, so verschieden auch die Orte und die Umstände sein mögen, in denen sie uns gezeigt werden, sind doch immer ungefähr gleich. Es tut gut, von Zeit zu Zeit etwas pittoreske Menschen vor Augen zu bekommen, die auf eigene Weise durchs Leben spazieren. Gewiß hat es in diesen Erinnerungen allerlei ‚Spitzen', Schelmereien, kleine intime Züge, was gewisse Leute – arme Leute! – Bosheiten nennen. Möchtet Ihr, daß es dies nicht hätte? Was wäre ein Buch dieser Art ohne dieses Element, und wäre es dann noch, was es jetzt ist? Dies ist im Gegenteil eines seiner Verdienste: die feine Beobachtung und die Freimütigkeit.

Und noch einen Eindruck gewinnt man bei der Lektüre dieser Erinnerungen, nämlich daß alle diese Menschen, diese Maler und Schriftsteller trotz ihrer Armut, ihrer Schwierigkeiten, ihrer Ungewißheit über den kommenden Tag in ihrer sorglosen Fröhlichkeit und Abenteuerfreude mit ihren Gefährtinnen glücklich waren. Man könnte sie fast beneiden um all die Erinnerungen, die ihnen wohl aus dieser schönen Zeit voller Ideen und Überraschungen geblieben sind. Andere waren brav, ernsthaft, ordentlich, fleißig, aus Veranlagung oder gezwungenermaßen, und wenn sie heute auf ihre Jugend zurückblicken, so erscheint sie ihnen wie ein großer leerer Raum. Wer weiß, ob nicht die Narrheit besser ist als die Vernunft!

Und dann gibt es in diesem Buch auch eine Liebesgeschichte, von der man fast auf jeder Seite vernimmt, ein großes Erlebnis, das nie seinen Glanz verlieren kann.

Paul Léautaud

1905 - 1907

Über mich selbst

Zuerst will ich ein wenig von mir selber sprechen, denn im übrigen ist in diesen Erinnerungen absichtlich nicht viel von mir die Rede.

Ich weiß, der Leser erwartet, daß der Autor sich ausweise, ob er das Recht habe, wohlbekannte Gesichter manchmal recht schroff zu demaskieren.

Von andern zu sprechen, ist leicht, ist kurzweilig. Von sich selber sprechen, ist peinlich. Gewöhnlich sucht man sich in günstigem Licht zu zeigen, unter Verzicht auf die Ehrlichkeit ...

Einige Schriftsteller haben mich in ihren Büchern über Picasso unter der Bezeichnung ‚die schöne Fernande' vorgestellt, woran ich das Maß ihrer Wertschätzung erkannte. Ich hatte für sie nur einen ganz äußerlichen Wert. Und wirklich, was hätten sie auch von mir wissen können!

Als ich in diesen Kreis eintrat, war ich sehr jung, ziemlich ängstlich, leidenschaftlich und sehr stolz.

In Frankreich neigt man dazu, den Frauen keine ernsthaften Gedanken zuzutrauen, besonders in den intellektuellen Kreisen. Ich spürte dies, und es lähmte mich. Ich begnügte mich also mit dem Zuhören. Ich glaubte an die Tiefe der in meiner Gegenwart ausgetauschten Gedanken. Mit glühender Aufmerksamkeit hörte ich zu. Aber ich wagte nie, eine eigene Meinung zu äußern. Ich mischte mich nur in die Unterhaltung, wenn ‚meine großen Künstler' sich wie Kinder amüsierten.

Dann wagte ich, all meine Reize zu entfalten, die nicht nur sinnlich waren, denn offenbar war ich bisweilen geistreich und sogar boshaft, aber dennoch – so hoffte ich wenigstens – liebenswürdig und gerecht, so weit mir dies möglich war.

Doch in meinem Innern vollzog sich, ohne dass ich mir davon Rechenschaft gab, ein geheimer Vorgang. Aus diesem fast unbewußten Geschehen sind diese Erinnerungen hervorgegangen.

Was ich hörte, grub sich in mein Gedächtnis ein, begleitet von persönlichen Betrachtungen, von bescheidenen Urteilen, die von jenem kritischen und ironischen Geist genährt wurden, den zu besitzen ich mir gar nicht bewußt war.

Als ich Picasso kennen lernte, hatte ich schon mit einer Gruppe von Künstlern verkehrt, die damals Schüler der *Ecole des Beaux-Arts* waren. Friesz schien ihr Führer zu sein. Sie waren, vom Standpunkt ihrer Professoren, sehr schlechte Schüler. Friesz und Dufy, die Unzertrennlichen, arbeiteten damals bei Bonnat.

In ihrer Verehrung für die Impressionisten folgten sie den Wegen von Guillaumin, Pissarro, Monet, die ihre Götter waren. Und sie schickten während einigen Jahren regelmäßig ihre Werke an den *Salon des Artistes Français* und wurden eben so regelmäßig abgewiesen.

Ich war also kein absoluter Neuling; ich konnte verstehen und fühlen, was in der Malerei Picassos lag. Sogar die technische Seite war mir nicht neu. Mein künstlerischer Geschmack hatte sich nach und nach gebildet. Meine Leidenschaft für alles, was Kunst war, hatte mir sehr dabei geholfen.

Ich war in kleinbürgerlichem Milieu aufgewachsen, und die Begeisterung meiner Eltern für alle Maler, die sie ‚modern' nannten, für Bouguereau zum Beispiel, ‚der so schöne Hauttöne malte', trat höchstens in Konkurrenz mit der Verehrung für Puvis de Chavannes, da er doch das *Panthéon* ausgemalt hatte, diese Höhle der ‚großen Männer', oder für Carrière, den sie so poetisch fanden.

Unter den Gemälden des *Louvre* bewunderte und liebte ich getreulich, was man mir zeigte, ohne etwas zu wissen und zu verstehen, denn der Onkel, der mich führte, war ernst, feierlich und voller Verehrung vor der Mona Lisa oder außer sich vor Begeisterung bei der ‚Quelle' von Ingres, der er einen schelmischen Blick zuwarf, während er mich rasch vorbeigehen hieß, wie übrigens bei allen Aktbildern.

Doch ich empfand nie die Ergriffenheit, die ich instinktiv suchte.

Die Primitiven hätten mich sehr angezogen; aber man durchquerte diese Säle ohne sich aufzuhalten. Das ‚Opfer' von David war interessanter für meine Angehörigen, die sich für die naturgetreue Wieder-

Bouguereau

Carrière

Léon Bonnat

Karikaturen von Aroun al Rachid
für die satirische Zeitschrift
‚L'Assiette au Beurre'

gabe der Stoffe begeistern konnten. Der französische Kleinbürger bewundert eben in der Kunst nur die exakte Kopie der Natur.

Ich erinnere mich noch gut, daß meine Eltern, die in einem kleinen Betrieb künstliche Blumen, Zweige und Federn fabrizierten, die starren, steifen Pflanzen, die aus ihrem Atelier hervorgingen, den natürlichen Pflanzen vorzogen, die für sie höchstens günstig zum Nachmachen waren.

Als ich im *Luxembourg* die Bilder der Impressionisten sah, war es für mich eine Offenbarung. Hier war endlich, was ich liebte, auf was ich immer gewartet hatte. Welch unmittelbare Ergriffenheit vor den Bildern von Renoir, bei gewissen Degas, bei Toulouse-Lautrec, Monet, Sisley, Seurat, Manet – meinem lieben Manet, und dem fast noch mehr geliebten Cézanne. Und auch Gauguin, Van Gogh, Guillaumin, dessen rauhe, sonnenvergoldeten Landschaften eine gute Schule für die Jungen bildeten.

In jedem freien Augenblick eilte ich ins *Musée du Luxembourg*, und so gewann ich eine tiefe Liebe zu dieser Malerei, der ich seither verbunden geblieben bin, und auch dem Leben der Künstler, dieser Art zu leben, die mich so entzückte, daß ich nicht mehr verstand, wie man anders leben konnte.

Ich war in diesen Kreis durch eine nahe Verwandte eingeführt worden, die mit einem Maler verheiratet war. Ich war zu jener Zeit ein großes Mädchen, schon ein wenig vom Leben enttäuscht, denn mit siebzehn Jahren hatte ich einen äußerst unglücklichen Eheversuch gemacht. Ich wohnte *Rue Ravignan* 13, als mir ein ziemlich merkwürdiger Mensch auffiel, der im gleichen Hause Wohnung genommen hatte. Es war Picasso.

Er hatte nichts besonders Verführerisches, wenn man ihn nicht kannte. Allerdings, sein seltsam eindringlicher Blick erzwang die Aufmerksamkeit. Man konnte sein Herkommen nicht erraten; aber dieses Leuchten, dieses innere Feuer, das man in ihm spürte, verliehen ihm eine Art Magnetismus, dem ich nicht widerstand. Und als er mich kennen zu lernen wünschte, wollte ich es auch.

Man sagte von mir, ich sei die Gesundheit, die Jugend selber: groß, voller Leben und Glückshoffnung, vertrauensvoll und von Illusionen lebend. Ein vollkommener Kontrast zu ihm. Man sagt, die Gegensätze ziehen sich an. Es muß wohl so sein …

Wie ahnungsschwer war dieses Zusammentreffen! Ich erinnere mich an diesen schwülen, gewittrigen Nachmittag. Der Himmel war schwarz von Wolken, die sich alsbald entluden und uns zwangen, ein Obdach zu suchen.

Er nahm mich in sein Atelier, und ich erinnere mich noch genau an den Augenblick und an den Geruch dieses Raumes, in dem durch die großen angefangenen Bilder eine wilde, bunte Unordnung herrschte, an die ich mich bald gewöhnte.

Nicht ohne Wehmut denke ich an die reizenden, fröhlichen Erlebnisse, die auf diesen ersten Besuch folgten. Wir waren jung: zusammen kaum vierzig Jahre. Die Vorzeichen von unserem ersten Zusammentreffen an haben uns nicht getäuscht.

Das Leben ist über uns weggegangen, Freude und Trauer spendend. Das gegenseitige Vertrauen erstarb. Dann kam die schmerzhafte Auflösung einer an Erinnerungen so reichen Gemeinschaft. Treue Gefährtin in den Jahren der Not, konnte ich die Jahre des Glücks nicht mit ihm teilen.

Erinnert sich Picasso wohl noch an die junge Freundin, die ihm so oft Modell stand und die einmal zwei Monate lang nicht ausgehen konnte, weil sie keine Schuhe hatte? Erinnert er sich an die Wintertage, wo sie im Bett bleiben mußte, weil man kein Geld hatte für Kohlen, um das eiskalte Atelier zu heizen?

Ich erinnere mich an alles, sogar an den wackeren Kohlenhändler aus der Auvergne, der uns später die Kohlen lieferte, ohne uns je eine Rechnung zu präsentieren, weil ihm meine Augen gefielen.

Ich war auch die Köchin, und obwohl ich im Tag nur einen oder zwei Franken zur Verfügung hatte, schätzten Picassos Freunde dennoch meine Kocherei.

Ich erinnere mich noch unserer kindlichen Freude, wenn Picasso ein oder zwei Goldstücke eingenommen hatte, die er dann in Kölnischwasser verwandelte, weil ich Parfüms leidenschaftlich liebte.

Und die Tage des unfreiwilligen Fastens? Und die Stösse von Büchern, die ich bei einem Antiquar an der *Rue des Martyrs* kaufte? Sie waren für mich unentbehrliche Nahrung, denn Picasso hielt mich aus einer Art krankhafter Eifersucht von allem abgeschlossen. Aber mit Tee, Büchern, einem Ruhebett und wenig Hausarbeit war ich glücklich, sehr glücklich.

Picasso selber fegte das Atelier und besorgte die Einkäufe. Ich muß gestehen, daß ich sehr faul war. Wenn es uns besser ging, hatten wir wohl eine Aufwartefrau für zwanzig Centimes in der Stunde. Aber statt den Haushalt zu besorgen, las sie lieber die Zeitung, wobei sie behaglich in unserem einzigen Fauteuil saß und den Kaffee trank, der für uns bestimmt war. Wir wurden geweckt durch das Geräusch des Federwischers ohne Federn, von dem nur noch der Stiel übrig war, mit welchem sie mit kurzen, harten, feindlichen Schlägen die Möbel und alle anderen Gegenstände bearbeitete, wenn sie vom Lesen genug hatte.

Bei Picasso habe ich die kostbarsten Jahre meines Lebens zugebracht. In dieser Zeit fühlte ich mich glücklich. Aber ach, dort habe ich auch einen Teil meiner Jugend gelassen und alle meine Illusionen.

Auf der Butte Montmartre

Die Bücher über die Künstler, Maler und Dichter, von denen ich erzählen werde, schweigen über die intimen Dinge – hauptsächlich deshalb, weil sie nur das berichten, was die betreffenden Künstler der Öffentlichkeit preisgeben wollten.

Ich habe mit ihnen gelebt, ich war ihnen näher als irgend jemand, denn ‚bei Picasso', das war auch bei ihnen; das Haus stand ihnen immer offen, und der mehr oder minder reich gedeckte Tisch – je nach dem Glück des Augenblicks – war für alle gastlich bereit. Die Matratze in einer Ecke des Ateliers stand immer zur Verfügung, um einem Verspäteten oder einem, der im Moment keine Unterkunft hatte, ein Lager, wenn auch ein etwas hartes, zu bieten.

Ich habe an ihrem Dasein teilgenommen, ich sah sie leben, denken, leiden, hoffen und besonders arbeiten, indem ich mit ihnen lebte, dachte, litt und hoffte. Ich kann also meine Erinnerungen wiedergeben und das persönliche und arbeitsreiche Leben dieser Künstler schildern, ohne daß ich befürchten muß, mich zu täuschen.

Bis jetzt hat man über sie Literatur gemacht wie etwa Carco oder Mac Orlan, oder man hat Kunstkritik getrieben wie Vauxcelles, der zuerst grimmig war, aber nach und nach milder wurde; wie Basler, dessen sture Bitterkeit wohl auf einen verdorbenen Magen zurückzuführen ist, den er sich durch die *bédits gafés grème* erwarb, die er auf ihr Wohl trank; wie Mauclair, der in der Kunst nur den Weg der alten Meister anerkennen wollte und nur ihnen Verständnis entgegenbrachte. Man hat auch gedichtet wie der liebe, von uns beklagte Guillaume Apollinaire, wie Max Jacob und Salmon, die am nächsten bei der Wahrheit waren, denn sie sahen unser Leben während vieler Jahre.

Keiner hat die Wirklichkeit dargestellt, wie ich es jetzt tun möchte.

Die Bedürfnisse aller Art, die materiellen Schwierigkeiten, die sich jeden Tag erneuerten und jeden Tag mit mehr oder weniger Humor ertragen wurden, je nachdem ob die Arbeit vorwärts ging oder nicht – dies belebte die Einförmigkeit des täglichen Lebens.

Wie oft haben sie, wenn sie sich trafen, den Satz wiederholt: «Und die Arbeit, geht sie vorwärts?» «Wenig», sagten die einen, so auch Picasso, der ewig Unruhige, der eigensinnige Sucher, für den es nie genügend ‚vorwärts ging'.

«Ah! Ah!», antwortete mit lautem Lachen Apollinaire, der sich über die Schwierigkeiten lustig machte (wenn sie nicht materieller Art waren), und er wurde unterbrochen durch einen gellenden Schrei von Marie Laurencin, den sie den Schrei des ‚Großen Lamas' nannte und der auf zweifellos originelle Art auf die gleiche Frage Antwort gab.

Matisse, feierlich, unergründlich, sagte ernsthaft «ja» oder «nein» und verwickelte sich dann in endlose Diskussionen mit dem Einen oder Andern. Derain, mit seinen zwei Metern Länge, hatte Vertrauen zu sich selber.

Braque, der in Argenteuil geborene Normanne, sagte zweiflerisch: «Vielleicht ja, vielleicht nein, man wird ja sehen». Van Dongen zeigte Zeichnungen, die er im *Moulin de la Galette* oder im *Moulin-Rouge* gemacht hatte und die er für fünf oder zehn Franken an humoristische Zeitschriften verkaufte.

Max Jacob zog aus seiner Tasche ein unsauberes Papier, auf das er seine letzten Impressionen über die *Rue Lepic* oder über irgend eine andere Straße der *Butte* notiert hatte, wovon er uns geheimnisvoll einige Zeilen vorlas.

Wo ist diese Zeit geblieben, da Picasso und seine Freunde von Hoffnungen und Illusionen lebten? Wo sind die Preise von damals, bei denen es möglich war, von fünfzig Franken im Monat zu leben und womöglich noch den Farblieferanten zu bezahlen!

Es ist wahr, der Kredit war damals nicht allzu beschränkt. Die Händler des Quartiers hatten Vertrauen und eröffneten laufende Rechnungen, die bis zu fünfzehn oder zwanzig Franken anstiegen – beträchtliche Summen, die oft schwierig zu bezahlen waren.

Nie aß man bei Picasso so gut, wie wenn man keinen Fünfer mehr hatte. Dann griff man zur List mit dem Pastetenbäcker. Man bestellte ein Mittagessen beim *Pâtissier* an der *Place des Abbesses* und ersuchte ihn, es punkt zwölf Uhr zu schicken. Um zwölf Uhr kam der Ausläufer, klopfte umsonst und stellte schließlich seinen Korb vor die Türe, welche sich öffnete, sobald er weg war. Man bezahlte einige Tage später, wenn man es konnte.

Es gab auch einen Schinken auf Kredit vom Metzger, und während einiger Zeit genossen alle unsere Besucher Schnitten von einem großen, saftigen Schinken von Bayonne.

Bei den kleinen Kneipenwirten nahm man die Mahlzeiten immer auf Kredit und zwar so lange, daß sie wohl oder übel weiterfahren mußten, wenn sie nicht alles verlieren wollten. Da war Vernin, *Rue Cavallotti*, Azon, *Rue Ravignan*, wo man für neunzig Centimes zu Mittag aß, inbegriffen ein kleines Gläschen am Ende der Mahlzeit, das oft vom Patron selber kredenzt wurde.

Es waren wackere Leute, ehrlich und höflich, die bloß von Zeit zu Zeit schüchtern um kleinere Abschlagszahlungen ersuchten. Alle haben auf ihre Weise, bescheiden und diskret, den Künstlern viel geholfen.

Diese spielten sich übrigens großartig auf, um die Leute von ihrer Zahlungsfähigkeit zu überzeugen. Es scheint, daß Picasso, Derain und auch andere, die heute reich sind und sich alle Wünsche befriedigen können, die nach Belieben arbeiten oder reisen – es scheint, daß sie sich nach jener Zeit zurücksehnen. Aber damals lebten sie nur von Arbeit und Hoffnung.

Die meisten von ihnen haben diesen Wandel in ihrem Leben ohne Widerstand hingenommen, als der Verkauf ihrer Bilder ungeahnte und immer noch höhere Preise erzielte. Wie groß ist die Zahl derer, die sich dieser Entwicklung nicht ganz unterworfen haben?

Hätten wir uns Picasso als Mann von Welt, der er heute ist, vorstellen können, wenn man ihm auf der *Butte* begegnete, in Leinenschuhen, die Haare im Wind oder unter einer alten Mütze, und in ei-

Fernande Olivier und Picasso auf Montmartre. 1906

Fernande Olivier (links) und Bernadetta Canals sitzen Ricardo Canals in spanischer Tracht Modell

Picasso: Bildnis der Bernadetta Canals. Öl. 1905

Adolphe William Bouguereau: Das Wespennest. Öl. 1892

(rechts) Picasso: Die Schwester des Künstlers. Pastell. 1899

Das historisch gewordene ‚Bateau Lavoir', 13, Rue de Ravignan (heute: Place Emile Goudeau), in dem Pablo Picasso von 1904 bis 1909 wohnte

nem Gewand, wie es die Zinkarbeiter tragen! Hose, eine kurze blaue Leinenjacke, die durch das viele Waschen reizende Pastelltöne bekommen hatte. Und jenes unvergessliche rote Kattunhemd mit weißen Punkten, das für 1 Fr. 95 auf dem Sonntagsmarkt am *Square St. Pierre* gekauft worden war.

Was denkt Picasso heute von jener Zeit, da er um nichts in der Welt ein gestärktes Hemd, einen Kragen, einen steifen Hut getragen hätte? Ein alter, kleiner, weicher Hut, den er aus Spanien, von Barcelona mitgebracht, war für die ‚Zeremonien' reserviert, wie er verächtlich sagte, zum Beispiel für ein Essen bei einem Kunstfreund oder einem Kunsthändler.

Doch ist Picasso, wenn er sich auch verbürgerlicht hat, zu eigenartig, zu persönlich, als daß er sich, ob er es wollte oder nicht, aller Welt angleichen könnte. Trotz seines steifen Hutes, seiner glatten ergrauenden Haare, seines schwarzen, gutgebauten Anzugs hat der Maler für uns das Wesen bewahrt, das ihn auf Montmartre populär gemacht hat, und wer ihn im groben blauen Leinenkittel gekannt hat, kann ihn sich nicht anders vorstellen.

Barcelona

Es ist bekannt, daß Picasso in Barcelona lebte, bevor er nach Paris kam. In dieser Stadt, wo die Phantasie immer die Arbeit begleitet, besaß der junge Maler ein großes, helles Atelier, auf dessen Mauern er die nötigsten Möbel gemalt hatte, da sie für ihn einen Luxus bedeuteten, den er sich nicht leisten konnte. Von einem Besuch kenne ich dieses Atelier, dessen seltsame Bemalung wie eine Theaterdekoration wirkte.

Er hatte dort einen Freund, de Soto, mit dem er immer ausging. Da sie elegant aussehen wollten und doch zusammen nur ein Paar Handschuhe besaßen, teilten sie sich darein, indem sie die unbedeckte Hand in die Tasche steckten und die behandschuhte möglichst in Erscheinung treten ließen.

Picasso hatte mir selber erzählt, wie elegant er sich vorkam in einem grünen Anzug, der ihn entzückte, und mit dem einen Handschuh.

Aber all dies gehörte der Vergangenheit an, für mich und besonders für ihn.

Und was ist aus Manolo geworden? Ich meine den Manolo von damals, das Urbild von Manolo, den alten Mann, der auch ausgenützt wurde. Er ist nach Katalonien zurückgekehrt, nach seinem Spanien, nach welchem er offensichtlich immer Heimweh hatte. Er konnte nicht früher heimkehren, weil er riskieren mußte, wieder in die Armee gesteckt zu werden, aus der er entflohen war.

Er war eine der amüsantesten und geistreichsten Gestalten dieser *Bohème* von 1903. Als er etwa im Jahre 1910 abreiste, verschwand diese *Bohème*, und an ihre Stelle traten ernste junge Künstler, für die ein korrektes Benehmen oberste Vorschrift zu sein scheint.

Max Jacob begegnet Picasso

Max Jacob war in Paris einer der ersten Freunde und Bewunderer Picassos. Er lernte den Maler, der damals achtzehn Jahre alt war, durch dessen erste Ausstellung bei Vollard kennen. Er war begeistert, und um die Bekanntschaft des jungen Künstlers zu machen, begab er sich eines Morgens zu ihm unter dem Vorwand, er wolle einen Artikel über ihn schreiben.

Picasso bewohnte ein Atelier am *Boulevard Clichy*, nicht weit von der *Place Clichy*. Hier wurde eine Freundschaft begründet, die sich immer mehr festigte.

Diese Ausstellung hatte einen aufsehenerregenden Erfolg. Stark unter dem Einfluß von Lautrec stehend, hatte Picasso hier Bilder ausgestellt, in denen, trotz dieses unbestreitbaren Einflußes, seine Persönlichkeit sich schon kraftvoll manifestierte.

Er suchte schon lange seinen Weg mit einer Heftigkeit und Leidenschaft, die bei einem so jungen Mann erstaunlich waren und die man in seinem Werk spürte.

Er hatte seine Malstudien mit vierzehn Jahren sehr ernsthaft begonnen und alles darüber vernachläßigt. Er arbeitete, soviel ich weiß, einige Zeit im Atelier seines Vaters, der in der spanischen Provinz Galicien Professor an einer Kunstschule war. Doch das war nur vorübergehend. Sein Weg führte ihn anderswo hin, und sein Vater ließ ihn nach Madrid ziehen. Mit fünfzehn Jahren allein, richtete er sich ein und studierte mit einer Beharrlichkeit, die weit über sein Alter hinausging. Als er schließlich nach Paris kam, glaubte er, durch den Erfolg dieser ersten Ausstellung die Welt erobert zu haben.

Er mußte seine Hoffnungen bald herunterschrauben.

Als er einige Zeit später von einer Reise nach Spanien ohne Mittel zurückkehrte, verdankte er es Max Jacob, daß er existieren und arbei-

Picasso: Berthe Legrand. Tuschzeichnung. 1901

ten konnte. Dieser war in dem *Nouveautés*-Geschäft *Paris-France* angestellt – denn von etwas mußte man leben – und bewohnte ein möbliertes Zimmer an der *Rue de Seine*.

Ich habe ihn zu jener Zeit nicht gekannt, und ich war auch Picasso noch nicht begegnet. Max Jacob erzählte, daß Picasso damals ein dünnes, bleiches Bürschchen war, das durch seinen seltsamen, tiefen Blick beeindruckte.

Ich weiß nicht, was Picasso selber von Maxens Güte und Großmut gesagt hat. Auf alle Fälle schuldet er ihm viel. Es war Max Jacob, der ihn unterstützte und ermutigte, wenn er, noch ganz jung, in tiefe Angst verfiel.

Übrigens findet sich im Werk Picassos immer etwas wie ein Widerschein dieser Verzweiflung, die er so tief empfunden hat und die viele andere Maler ebenfalls erlebt haben.

Das ‚Bateau-Lavoir'

Von 1903 bis 1912 beherbergte das unkomfortable Holzhaus Nr. 13 an der *Rue Ravignan* auf *Montmartre*, *Bateau-Lavoir* genannt, Maler, Bildhauer, Literaten, Humoristen, Schauspieler, Wäscherinnen, Näherinnen und umherziehende Gemüsehändler.

Es war ein Eiskeller im Winter, ein Schwitzkasten im Sommer, und die Mieter trafen sich beim einzigen Wasserhahn mit einer Kanne in der Hand. Picasso ließ sich dort im Jahre 1903 nieder, nach der Rückkehr von einem Spanienaufenthalt. Zu jener Zeit sah ich ihn zum ersten Mal. Er schwatzte auf der kleinen *Place Ravignan* (die inzwischen zur *Place Emile-Goudeau* geworden ist) mit seinem Landsmann, dem katalonischen Maler Ricardo Canals, der ein paar Jahre zuvor gleichzeitig mit ihm nach Paris gekommen war.

Noch zwei andere Katalonier waren gekommen, Casagemas und Nonell. Casagemas hat Selbstmord begangen. Nonell, ein begabter Maler, ist in Barcelona im Jahre 1907 oder 1908 an Typhus gestorben, als eben der Erfolg sich einzustellen begann. Es waren vier intelligente, arbeitsame, hochstrebende Künstler.

 Der Kontrast zwischen Picasso und Canals war auffallend, wenn man sie beisammen sah. Canals war groß, mager, blaß, kühl, mit treuherzigen Kinderaugen; Picasso klein, schwarz, untersetzt, unruhig, beunruhigend, mit dunklen, tiefen, durchdringenden, seltsamen, fast starren Augen. Linkische Bewegungen, Frauenhände, schlecht gekleidet, ungepflegt. Eine dicke, schwarze, glänzende Locke hing in die intelligente, eigensinnige Stirn. Er war halb *Bohémien*, halb Arbeiter in seinem Aussehen, und seine zu langen Haare strichen über den Kragen seines verbrauchten Rockes.

Ich wohnte im gleichen Haus wie er und begegnete ihm oft. Er schien zu jener Zeit sein Leben auf dem kleinen *Montmartre*-Platz zu verbringen, und ich fragte mich: «Wann arbeitet er denn?» Ich vernahm dann, daß er mit Vorliebe nachts male, um nicht gestört zu werden. Tagsüber war bei ihm ein ständiges Kommen und Gehen von Spaniern. Ich traf Picasso, als ich an einem Gewitterabend heimkehrte. Er hielt auf seinen Armen ein ganz kleines Kätzchen, das er mir lachend hinhielt, indem er mir zugleich den Durchgang versperrte. Ich lachte gleichfalls. Er lud mich in sein Atelier ein.

Das war mein Eintritt in diese Welt, in der ich so lange lebte, die ich kennen und lieben und auch achten lernte.

Ich stand erstaunt vor dem Werk Picassos, erstaunt und gefesselt. Das Krankhafte daran störte mich wohl ein wenig, aber bezauberte mich auch. Es war das Ende der *Epoque bleue*. Große, unvollendete Bilder standen im Atelier, wo alles von Arbeit zeugte. Aber Arbeit in welcher Unordnung ... mein Gott!

In einer Ecke eine Matratze auf vier Füßen. Ein kleiner gußeiserner, ganz rostiger Ofen, auf dem ein gelbes, irdenes Becken stand, diente als Waschtisch; ein Tuch, ein Stück Seife lagen daneben auf einem tannenen Tisch. In einer andern Ecke bildete ein schwarzgestrichener Koffer eine wenig komfortable Sitzgelegenheit. Ein Strohstuhl, eine Staffelei, Bilder von allen Größen, Farbtuben über den Boden verstreut, Pinsel, Terpentinbehälter, ein Becken für das Scheidewasser, keine Vorhänge. In der Tischschublade war eine gezähmte weiße Maus, die Picasso zärtlich pflegte und jedermann zeigte.

Zu jener Zeit arbeitete Picasso an einer Radierung *(Le repas frugal)*, die heute berühmt ist: ein Mann und eine Frau sitzen an einem Tisch beim Weinhändler, und mit erschreckendem Realismus kommen in diesem ausgehungerten Paar Elend und Alkoholsucht zum Ausdruck.

Ein Bild unter allen ergriff mich. Ich glaube, Picasso hat es seither übermalt: ein Krüppel, der sich auf seine Krücke stützt, trägt auf seinem Rücken einen Korb voller Blumen. Der Mann, der Hintergrund, alles war blau außer den Blumen in frischen, leuchtenden Tönen. Der Mann war hager, abgezehrt, elend, und in seinem Blick lag jammervolle Resignation. Ein seltsames, zartes, unendlich trauriges Bild, das einen endgültigen Verzicht und einen schmerzlichen Appell an das menschliche Mitleid zum Ausdruck brachte.

Was lag ihm zugrunde? War das Werk ganz aus dem Verstand geboren, wie ich jetzt annehme, oder zeugte es von einer tiefen, verzweiflungsvollen Liebe zur Menschheit, wie ich damals glaubte?

Picasso hat diese Leinwand übermalt, denn er hatte damals oft kein Geld, um Material zu kaufen. Und ich glaube, daß Picasso über den blauen Krüppel mit dem Blumentragkorb seinen großen, roten Harlekin mit der Narrenkappe gemalt hat, der später in die Sammlung Rouart gelangte.

Picassos Atelier war die Zuflucht seiner Landsleute und besonders seines Freundes und Helfers Paco Durio, der nicht weit davon wohnte.

Die spanischen Freunde

Durio war ganz klein und rund, neugierig, von solider Wesensart, originell, künstlerisch, aufrichtig, ein Liebhaber der Kunst. Ein echtes Menschenherz. Er bewohnte damals in einem Sträßchen nahe beim alten *Maquis*, das der *Avenue Junot* hat weichen müssen, ein großes Atelier, in dem er seinen Keramikofen eingerichtet hatte. Was für reizende Dinge sind daraus hervorgegangen!

Durio, der kleine Mann mit dem großen Herzen und mit dem schönen künstlerischen Temperament, bewunderte zwei Menschen: Gauguin und Picasso. Er war sehr befreundet mit Gauguin zu der Zeit, als sie beide an der *Rue de la Grande-Chaumière* wohnten, bevor Gauguin nach Tahiti reiste. Er half seinen Freunden mit unendlicher Feinfühligkeit. Eines Tages, als Picasso keinen Fünfer mehr hatte, fand er vor seiner Türe eine Büchse Sardinen, ein Brot und einen Liter Wein, was Durio dorthin gestellt hatte. Zu dieser Zeit nahm Picasso übrigens alles, was seine Freunde zur Erleichterung seines Lebens zu tun versuchten, als selbstverständliche Huldigung entgegen.

Zu den Freunden gehörten außer Durio Echevarria, Pichot, Junyer, Anglada, Zuloaga, der Gitarrespieler Fabiano, der Maler wurde, um es Picasso gleich zu tun. Pichot, der aussah wie Don Quichotte, war voller Humor, mit einem goldenen Herzen, ein kaltblütiger Ironiker.

Junyer: Aussehen eines intelligenten Bauern, schlau, boshaft, etwas eingebildet und in diesem Kreis als zu gepflegt empfunden.

Zuloaga, so wie er heute noch ist, groß, athletisch, schon kahlköpfig, ganz mit der klassischen Allüre des großen Meisters. Die Augen voller Träume.

Das Leben war hart für die Künstler, die Kunstfreunde waren selten, und die Kunsthändler, die noch mißtrauisch waren, drückten sich.

Die Frau von Canals, die schöne Römerin Benedetta, früher das Modell von Degas und von Bartholomé, dem sie für das Totendenkmal Modell gestanden, bemühte sich rührend, daß alle zu essen bekamen. Die Mahlzeiten waren nicht sehr kompliziert und nicht sehr abwechslungsreich, denn gewöhnlich gab es die traditionelle Makkaroniplatte. Man hielt sich an diese Diners, die der Maler Zuloaga präsidierte, der sich mit Echevarria, Pichot und Anglada, die mehr Geld hatten, in die Kosten teilte.

Echevarria, ein reicher, mondäner Maler, sah vornehm aus; Manolo hingegen gehörte zur *Bohème*, war ein Spötter und befand sich immer auf der Suche nach einer Unterkunft, nach einem Essen, nach *ouna peseta*, nach einem Geschäftchen, von dem er profitieren könnte.

Dieser kleine, rassige Spanier mit den zu schwarzen Augen in einem zu dunklen Gesicht unter zu schwarzen Haaren, ironisch, fröhlich, sensibel, faul, äußerst nervös, unterwürfig, wenn es nötig war, aber sich mit einem geschickten Dreh jeglichem Joch entziehend – er ist der Bildhauer geworden, den man kennt.

Damals war er nur Bildhauer, wenn die Sorge um das tägliche Brot ihm dazu Zeit ließ, das heißt sehr selten. Überall wurde er mit Freude, vermischt mit etwas Mißtrauen, empfangen. Er spielte allen tausend schändliche Streiche auf die komplizierteste, unerwartetste, phantastischste Weise, und niemand nahm es ihm übel. Mit seinem unverwüstlichen Schwung, mit seiner seltsamen Aussprache, die er nie verloren hat, war er wohl eine der merkwürdigsten Gestalten jener Zeit.

In Barcelona hat er ein außergewöhnliches Andenken hinterlassen. Bevor er nach Paris kam, war er dort ohne Geld, ohne Unterkunft, und es ist schwieriger, unter solchen Umständen in Barcelona zu leben als in Paris. Glücklicherweise wurde er der Liebhaber der Tochter eines Milchhändlers, für den er jeden Tag Tiere und Blumen in die auszustellenden Butterballen modellieren mußte. Er scheint dabei länd-

Picasso: Selbstbildnis mit Angel F. de Soto (Mitte) und Sebastian Junyer (rechts)

liche Idyllen geschaffen zu haben, die man mit Vergnügen noch einmal sähe. Die Verlosungen, die Manolo zu seinem Nutzen organisierte, erweckten bei der Ziehung immer Proteste, denn die gleichen Nummern wiederholten sich. Eine davon hat drei volle Jahre gedauert.

Manolo hat sich dann zurechtgefunden, der fidele Manolo, der nie auf einen Witz verzichtete, und wenn er dabei seinen besten Freund kränken mußte. So half ihm Paco Durio, indem er ihm alte Kleider gab, von denen dann Manolo sagte, er könne die Beinkleider nur noch als Radfahrerhosen tragen.

In ein regelmäßiges Leben eingeordnet, verheiratet, lebte er lange in *Céret*, wo er durch einen Kontrakt mit Kahnweiler zu geregelter Arbeit gezwungen war.

Ich komme noch einmal auf Canals zu sprechen, der damals an einem großen Bild arbeitete, das er dann im Herbstsalon ausstellte: Eine Loge bei den Stierkämpfen. Zwei Frauen in Mantillen stützen sich auf die Brüstung der Loge. Von verschiedenem Typus, sind beide schön. Die eine war die Gefährtin von Canals, die andere die von Picasso.

Canals war ein gewissenhafter und ausdauernder Künstler und wurde auch durch seine Frau ermutigt und zur Arbeit angetrieben, die ihm, wie ich mich erinnere, bei jeder Ruhepause nur eine einzige Zigarette gestattete.

Zu dieser Zeit trugen Canals und Picasso, die sich selten trennten, noch einen Schnurrbart. Eines abends erschienen beide völlig unkenntlich, mit abrasierten Schnurrbärten. Sie mussten eine solche Lawine von Vorwürfen über sich ergehen lassen, daß sie nicht mehr wussten, wo sich verstecken. Die Wehklagen von Benedetta Canals gipfelten in einer Nervenkrise. Aber die beiden blieben endgültig glattrasiert.

Max Jacob

Ich hatte diesen intimen Freund Picassos noch nie gesehen, aber ich hatte so viel von ihm reden hören, daß er mir nicht als Fremder vorkam. Dennoch hatte ich mir ein falsches Bild von ihm gemacht. Ich hatte mir einen jungen Mann vorgestellt, und er war ein reifer Mann oder sah wenigstens so aus.

Ich traf ihn eines Tages mit Picasso auf der *Place Ravignan*. Der erste Satz, den er an mich richtete, war doppelsinnig: beißend und schmeichelhaft. Ich kam eben aus dem Atelier eines alten italienischen Bildhauers an der *Rue d'Orchampt*, der mich gebeten hatte, meine Schultern und Arme abformen zu dürfen. Meine Kleider waren mit Gips bespritzt. Ich wollte nach Hause, um mich umzuziehen, und als ich mit dieser Begründung die Begegnung abkürzen wollte, sagte Max Jacob zu mir: «Aber warum denn? Man sieht die Flecken in der Sonne nicht.»

Als Picasso ihn mir vorgestellt hatte, betrachtete ich ein wenig verwundert diesen kleinen, tänzelnden Mann mit den seltsamen, durchdringenden Augen hinter den Gläsern des Lorgnons. Förmlich, selbstzufrieden und sich, mit dem Hute in der Hand, tief verneigend.

Schon kahlköpfig, mit leicht verstecktem Blick, die Haut etwas farbig, der Mund hübsch geschwungen, fein, geistvoll, auch boshaft. Schöne Züge im ganzen. Der Kopf vielleicht etwas groß, auf einem unharmonischen Körper mit schmalen Schultern. Der leicht provinzielle Charakter kam besonders im Schnitt seiner allzu neuen Kleider zum Ausdruck.

Von seiner ganzen Person ging ein Gefühl unerklärlicher Unruhe aus. Aber vor allem war es die Maske geistreicher Originalität, die auffiel.

Die Frauen hatten ihn immer erschreckt, ich möchte fast sagen eingeschüchtert, trotz der Impertinenz, mit der er sich ihnen gegenüber aufspielte. Er betrachtete sie als bösartige Wesen. Seine erste Erfahrung hatte ihn offenbar für immer abgeschreckt. Aber habt Ihr Max nie von seiner unvergleichlichen Cécile sprechen gehört, die nachher die Frau eines ziemlich bekannten humoristischen Dichter-Zeichners geworden ist?

Max Jacob glaubte sich immer verfolgt, besonders von den Frauen seiner Freunde, sogar von denen, die ihn am liebsten hatten. Wenn er mit einer Frau diskutierte, konnte er so ungezogen sein, daß es oft ein heftiges Ende nahm. Er verschwand dann für einige Zeit.

Aber man langweilte sich ohne ihn, und man trieb ihn wieder auf in seiner Höhle in der *Rue Ravignan*. Er ließ sich freilich zuerst ein wenig bitten, bevor er wieder kam. Aber wir wußten, wie man ihn nehmen mußte, und jedesmal feierten wir freudig seine Rückkehr. Er bereitete uns köstliche Stunden mit seinem Scharfsinn, seiner blendenden Laune und seinem ganz besonderen Zauber als phantastischer Erzähler. Das Originelle seiner Phantasie gab all seinem Tun und Erzählen ein besonderes Salz. Dann ging von seiner Persönlichkeit eine ganz im geistigen Bezirk liegende Verführung aus.

Guillaume Apollinaire

Das Jahr des Heils 1904 war für die *Bande Picasso*, wie man sie nannte, besonders bewegt.

Diese Herren kamen nachts oft betrunken heim, schreiend, schimpfend, singend, deklamierend auf dem kleinen Platz, der übrigens schon viel solches Volk gesehen hatte.

Sie weckten die Nachbarn auf, indem sie Revolverschüsse abfeuerten. Picasso hatte diese Manie. Er trug immer einen Browning auf sich. Am Tag nach einer solchen Nacht, wo mich der Lärm nicht hatte schlafen lassen, sah ich Guillaume Apollinaire. Die Heimkehr der *Bande* war sehr bewegt gewesen. Auf ihr Geschrei hatte sich das Quartier zusammengerottet. Diesmal wurde Jules Laforgue aufs Korn genommen. Man hörte rufen: «Nieder mit Laforgue!» Weshalb diese edle Entrüstung? Man hat es nie erfahren.

Apollinaire trug einen beigefarbenen Anzug aus grobem englischem Stoff, den er besonders liebte. Der Strohhut auf seinem Kopf schien zu klein für seinen Schädel. Der Kopf war etwas birnenförmig mit spitzen, sympathischen, vornehmen Zügen, die kleinen Augen sehr nahe bei der gebogenen, langen und feinen Nase, die Augenbrauen sahen aus wie Kommas. Er hatte einen kleinen Mund, den er beim Sprechen absichtlich noch kleiner zu machen schien, um seinen Worten noch mehr Schärfe zu geben.

Er war eine Mischung von Vornehmheit und einer Art Primitivität, die mit einem derben, kindlichen Lachen zum Ausdruck kam. Prälatenhände mit salbungsvollen Bewegungen. (Hat man nicht geflüstert, er sei der Sohn eines Prälaten des Vatikans? Seine Mutter war Russin oder Polin.) All dies verhüllt, gemildert durch ein gutmütig-kindliches Wesen, durch eine ruhige und sanfte, ernste oder zärtliche Art, die bewirkte, daß man ihm vertrauensvoll zuhörte, wenn er sprach, und er sprach viel.

Bezaubernd, kultiviert, ein Künstler, und was für ein Dichter! Ich nenne es nicht raffinierte Empfindsamkeit, sondern kindliche, kindische Sentimentalität, was sehr reizvoll war. Das Paradoxe liebend, theatralisch, schwülstig, einfach und naiv, alles zu gleicher Zeit.

Wie Picasso rauchte er Pfeife, und so, mit der Pfeife im Mund oder in der Hand, erzählte er ernsthaft die unbedeutendsten oder drolligsten Geschichten.

Aber wie schlecht sprach er seine Verse, die er gerne selber rezitierte! Wie wenig brachte er sie zur Geltung! Aber dennoch gelang es ihm, uns zu ergreifen.

Ich sehe ihn noch vor mir: er kam, immer geschäftig, mit einem Stoß alter Bücher unter dem Arm, in der Hand alte Stiche, die er für ein paar Centimes in den verschiedensten Quartieren aufgestöbert hatte. Er glaubte immer, ein besonders günstiges Geschäft gemacht zu haben. Bisweilen ließ er in der *Métro* oder im Omnibus eines der Bücher liegen, die er eben gekauft hatte.

Da ich Picasso einige Zeit nicht mehr besucht hatte, kündigte ich ihm eines Tages meinen Besuch für den Abend an. Picasso war nicht sehr begeistert davon, beim Gedanken, in welchem Zustand seine Freunde das Atelier zurückgelassen hatten. «Wie soll man sauber machen?» jammerte er. Und Guillaume mit seinem gutmütigen Lachen riet ihm, sich nicht aufzuregen, er werde sich der Sache annehmen. Und er wußte nichts besseres, als den Fußboden mit Petrol zu waschen. Als das Werk vollbracht war, merkten sie, daß der Geruch unerträglich war. Um dem abzuhelfen, besprengten sie den Fußboden mit Kölnischwasser. Man kann sich vorstellen, was für einen Duft diese Mischung hervorbrachte!

Bei Vernin

Die Aera der Mahlzeiten bei Canals war vorbei. Er war mit seiner Familie nach Barcelona zurückgekehrt.

Und es war nun die Zeit des Restaurants Vernin. Vernin, aus der *Auvergne* stammend, hatte sich an der *Rue Cavallotti* niedergelassen, neben dem Leihhaus, was praktisch war, wenn man zufällig das Glück hatte, noch etwas zum Verpfänden zu finden. Vernin, der ein miserabel schlechtes Gedächtnis hatte, war den Künstlern gegenüber ein guter Kerl und versagte ihnen den Kredit nicht. Darum fand sich die ganze Gesellschaft zur Mittagszeit oder abends sieben Uhr bei ihm ein und wurde noch beträchtlich vergrößert durch allerlei Kumpane, die der eine oder andere aus Erbarmen mitbrachte.

Wer zu jener Zeit bei Vernin verkehrte, erinnert sich an die seltsame, gemischte Kundschaft, die in dem kleinen, niedrigen und heißen Raum zusammensaß, wo die Küchengerüche und der Duft schwerer Weine eine ziemlich unangenehme Mischung ergaben. Trotzdem aß man mit großem Appetit, und es herrschte eine animierte Stimmung.

Picasso: Canals Sohn Octavio. Federzeichnung. 1904

Es gab da Szenen, die Picasso hätte malen können: debütierende Schauspielerinnen wie Christiane Mancini, die beim Essen ein Stück ihrer Rolle studierte, welche sie an ihren Rotweinschoppen anlehnte.

Ihre Schwester Louise Mancini von der Oper kam auch ziemlich oft. Roger Karl nahm dort eine Zeitlang regelmäßig seine Mahlzeiten ein. Ich glaube, ich habe auch Dullin dort gesehen und den Schauspieler Olin, der im Krieg getötet wurde; er war groß, brutal, böse, aber amüsant, immer auf der Suche nach einem Zweifrankenstück. Er hatte für eine Weile bei Vernin eine ihm passende Lösung gefunden. «Eine Fahne mehr, die aufgepflanzt werden muß», sagte er.

Das Paar Princet, betrüblich, sehr betrüblich; er war mager, und sein Gesicht, das von einem starken roten Bart überdeckt war, verlor nie den Ausdruck boshafter Ironie. Sie war hübsch, braun, mit mattem Teint, mit bösem, jähzornigen Mundwerk, leidenschaftlich. Sie war das leibhaftige Gegenstück ihres Mannes.

Auch ein Arzt war da. Sein Zylinderhut brachte eine ungewohnte Note in dieses Milieu.

Man bezahlte Vernin, so gut man konnte. Und es gab immer Eingeladene, deren Mahlzeiten auf der Rechnung des einen oder andern figurierten.

Also scheinbar eine ziemlich wilde Bande, aber eigentlich eher traurig hinter der lärmigen Außenseite. Es war so langweilig, zu Vernin zu gehen! Fröhlicher war man bei der Rückkehr. Man ging mit Schwung an die Arbeit. Denn alle arbeiteten beharrlich, streng. Es gab wohl von Zeit zu Zeit verlorene Tage, aber man holte sie immer wieder ein.

Ich glaube es, war im Jahre 1904, als Picasso für ein paar Tage nach Holland reisen konnte. Er wurde von einem Holländer mitgenommen, der Tom Schilperoot hieß. Es war ein flotter Typ, exzentrisch, und er wurde der schlimmste aller *Bohémiens*, nachdem er sein Vermögen in Paris verschleudert hatte.

Was Picasso in Holland beeindruckte, war der hohe Wuchs der jungen Holländerinnen. Diese ,kleinen Mädchen', die ihn um einen Kopf überragten, umarmten ihn und setzten sich auf seine Knie. Er konnte sich nicht daran gewöhnen. «Das brachte mich in Verlegenheit», sagte er, «und es ist lächerlich, wenn die Mädchenpensionate durch die Straßen promenieren und die Mädchen aussehen wie Kürassiere.»

Er schätzte dieses Land nicht sehr; es war ihm, der die Sonne liebte, zu neblig. Doch brachte er einige hübsche Bilder in Wasserfarbe heim, ein Porträt einer Holländerin mit einer weißen Spitzenhaube und ein anderes Bild mit drei Holländerinnen, die seltsame Hüte über den weißen Hauben trugen.

Eine dieser Studien bekam Durio, andere wurden von Clovis Sagot zu lächerlichen Preisen gekauft. Clovis Sagot war – was auch Basler dazu sagen oder denken mag – der wenigst generöse Kunsthändler.

Der Kunsthändler Clovis Sagot

Um nicht gestört zu werden, arbeitete Picasso bei Nacht, ging im Morgengrauen zu Bett und schlief bis in die Mitte des Nachmittags.

Wenn er zufällig am Morgen geweckt wurde, so war er von unausstehlicher Laune, sogar wenn der Eindringling ein Kunsthändler war.

Eines Tages jedoch, als Picasso keinen Fünfer, keine Farben, keine Leinwand mehr hatte, ging er zu Sagot, um ihm vorzuschlagen, ihn im Atelier zu besuchen.

Jener wußte wohl, was hinter diesem Anerbieten steckte: eine verzweifelte finanzielle Lage.

Sagot kommt mit Picasso und wirft sein Auge auf drei Studien: eine ziemlich große Guasche auf Karton, zwei sitzende Clowns darstellend; eine Leinwand mit Mädchen, die in ihren Händen einen langen, mit Blumen gefüllten Korb hielten, und ein drittes Bild, dessen Sujet ich vergessen habe. Sagot offeriert im ganzen siebenhundert Franken. Picasso lehnt ab, der Händler geht, und man sieht ihn nicht mehr. Einige Tage vergehen, der Maler entschließt sich, zu ihm zurückzukehren. Sagot ist immer noch zu kaufen bereit, aber diesmal will er für die drei Bilder nur noch fünfhundert Franken geben. Picasso wünscht ihn zum Teufel und kehrt wütend nach Hause zurück. Kurz darauf wiederholt sich die gleiche Geschichte. Sagot offeriert diesmal nur noch dreihundert Franken. Durch die Umstände gezwungen, willigt Picasso schließlich ein.

Dieser Sagot war ein alter Fuchs ohne Skrupeln und ohne viel Mitleid. Er hatte seine Bildergalerie in einer ehemaligen Apotheke eingerichtet, wo er alle möglichen Medikamente vorgefunden hatte, die er freigebig den kranken Künstlern offerierte. Ich erinnere mich, daß er mich bei einer schweren Erkältung mit einem Mittel gegen Zuckerkrankheit heilen wollte.

Sagot wohnte auf dem Lande und hatte einen großen Blumengarten. Bisweilen pflückte er einen großen Arm voll Blumen und brachte sie Picasso. «Sie könnten davon eine Studie machen und sie mir schenken», sagte er zu ihm.

Im übrigen war er ein Mensch mit einem ziemlich sicheren Gefühl für die künftige Bedeutung eines jungen Künstlers.

Ich glaube, abgesehen von seiner Händlermentalität liebte er doch die Malerei um ihrer selbst willen. Etwas zu verschlagen, um sympathisch sein zu können, gefiel an ihm doch eine gewisse Kühnheit und sein Sinn für eine fortschrittliche Kunst, den er mit dem bürgerlichen Sinn für das Geldverdienen zu kombinieren verstand.

Bei ihm trafen Picasso und Apollinaire zum ersten Mal Marie Laurencin. Wie war sie in die Galerie von Clovis Sagot geraten? Sie sah aus wie ein naives, etwas lasterhaftes kleines Mädchen, zu naiv, um einfach zu sein. Und Marie Laurencin, Schülerin einer Malakademie am *Boulevard Clichy*, gesellte sich als weibliches Element zu der Maler-Clique.

Die Dienstagabende ‚Vers et Prose‘

Jeden Dienstag begab sich die *Bande Picasso* zur *Closerie des Lilas*, zur *Soirée ‚Vers et Prose‘*, deren Begründer und Direktor Paul Fort war, während André Salmon als Sekretär amtete. Oft ging man zu Fuß dorthin. Man mußte ganz Paris durchqueren, aber es tut wohl zu gehen, wenn man die Jugend im Gesicht und die Hoffnung im Herzen trägt.

Zu diesen Dienstag-Gesellschaften kamen Dichter, Schriftsteller, Maler, Bildhauer, Musiker, junge und alte. Ich habe dort die seltsamsten Künstlererscheinungen gesehen, und fast alle waren voller Begabung:

 Moréas, Alfred Jarry, Stuart Merrill, Paul-Napoléon Reinard, Elé-

Max Jacob vor dem ‚Bateau Lavoir'

Picasso: Selbstbildnis. Öl. 1907

(rechts) Picasso: Bildnis von Max Jacob. Gouache. 1907

Picasso: Bildnis des Bildhauers Manolo Hugué. Federzeichnung. 1904

(rechts) Picasso: Kubistisches Bildnis des Malers Georges Braque. Öl. 1909

Fernande Olivier, von Picasso und seinen Freunden ‚la belle Fernande' genannt, um 1905

mir Bourges, Ferdinand Herold, Gustave Kahn und seine Frau, Duhamel, Vildrac, Salmon, Apollinaire, Fagus, Léon Deubel, Fernand Gregh, Guy-Charles Cros, Maurice Magre, Montfort, Royère, das Paar Danville, Raynal, die Didricks, Bernard Naudin, Braque und Picasso und viele andere, die ich nicht alle aufzählen kann.

Welch ein Leben! Was für ein Lärm! Was für Tollheiten! Was für endlose Diskussionen, die der Hausherr manchmal dadurch beendigte, daß er uns zur Türe hinauswarf...

Um Mitternacht war alles in Erregung. Man trank ohne Maß. Paul Fort, der immer in Bewegung war, wollte sich trotz des Lärms Gehör verschaffen, und seine seltsame, dünne, spitze Stimme durchdrang tatsächlich bisweilen den betäubenden Lärm. Moréas mit seinem schnarrenden, donnernden Organ rief den Neuankommenden durch das ganze Lokal Willkommensgrüße zu, oft sehr bissige, sogar unverschämte. Aber man muß zugeben, daß er sogar in die Frechheit eine Art Gutmütigkeit legte, was sie erträglich machte. Man bewunderte ihn übrigens so sehr, daß man sich von ihm alles gefallen ließ.

Er verfehlte nie, Picasso voller Ironie mit der Frage zu empfangen: «Sagen Sie einmal, Picasso, hat Velázquez Talent gehabt?» und gurgelte weiter: «Was denken Sie von Lope Vega de Carpio?» Er liebte den schönen, schnarrenden Namen und deklamierte ihn wie einen schönen Vers.

Eines Abends, als die Frau eines Dichters, der seither berühmt geworden ist, voller Affektiertheit erklärte, sie möchte aus Furcht vor dem Altern nicht länger als vierzig Jahre leben, sagte Moréas zu ihr: «Dann steht Ihr letzter Tag bevor.»

Moréas haßte die Juden und griff sie immer an. Einem wenig bekannten, mittelmäßig begabten, russisch-jüdischen Schriftsteller, der sagte: «Wenn ich tot sein werde ... », entgegnete er: «Aber, lieber Freund, Sie sind schon lange tot.»

Er war seinerseits das Opfer einer kleinen Frau, die sich in diesen Kreis verirrt hatte, in welchem sie übrigens nicht allzu fehl am Platze war dank ihrer pariserischen Spottsucht, die sie geschickt handhabte. Blond, lebhaft, aufmerksam, witzig, warf sie Moréas Lobpreisungen zu, die er vergnügt einsteckte. Weniger liebte er es, wenn sie ihn wegen seines gefärbten, ondulierten Schnurrbarts aufzog.

Ich hörte sie eines Tages zu Moréas sagen, der trotz seiner Koketterie die elementarsten Reinlichkeitsregeln vernachläßigte: «Hör, Moréas, eine Putzfrau, die für eine Stunde zwanzig Centimes bekommt, käme dich nicht höher als vierzig Centimes zu stehen, wenn sie Dir die Ohren putzen und die Haare dahinter schneiden würde.»

Nichts war dann komischer, als zu sehen, wie Moréas sorgfältig den Zeigfinger netzte, um seinen kunstvollen Schnurrbart zu kräuseln, wobei der Finger zusehends schwarz und schwärzer wurde.

Ernsthaft antwortete er: «Ich werde daran denken.»

Jedermann weiß, in welch bewundernswerter Weise Jean Moréas dem Tod entgegensah und ihn ohne Furcht erwartete.

Bei seiner Einäscherung, als alles, was zu dieser schönen Poetenseele gehört hatte, in einer schwarzen, dicken, übelriechenden Rauchwolke zum Himmel stieg, blickte ich Guillaume Apollinaire in die Augen. Er weinte.

Seither habe ich andere weinen sehen, und auch ich selber weinte bei einer anderen Beerdigung, bei Guillaume ... lange Zeit später und doch so früh ... Und ich weiß, wie sehr sich Apollinaire vor dem Sterben fürchtete.

In der *Closerie* sah man auch Maurice Raynal, damals ein junger Soldat, der das kleine Vermögen, das er von seinem Vater geerbt hatte, königlich verschleuderte. Was für Empfänge in seiner Wohnung an der *Rue de Rennes!*

Er wohnte dort mit seiner damaligen Gefährtin. Zart, ganz klein, sehr hübsch, bezaubernd und sanft, nicht ohne Geist, und den Launen ihres Freundes ganz ergeben. Sie empfingen ihre Gäste äußerst einfach und liebenswürdig. Sie ist dann an Schwindsucht gestorben und ebenso die kleine Pariserin, die Moréas immer mit Lachen einige herbe Wahrheiten sagte.

Raynal spielte sich dann als junger Mäzen auf, und viele Künstler verdankten ihm Hilfe. Ich erinnere mich, daß er Manolo in seine Garnisonstadt mitnahm – ich glaube, es war Toul – und dort ziemlich lang ganz für ihn sorgte. Die ganze Gegend entsetzte sich über ihren Lebenswandel.

Er ist der eifrige Verfechter einer fortschrittlichen Kunst geworden, ohne Nachsicht für jene, die dem Weg nicht gefolgt sind, den er für den einzig richtigen hält.

Aber kehren wir zu Picasso zurück. Er hatte einen Hund zu sich genommen, den er ernährte, so gut es ging, aber eher schlecht. Später, als er reich war, machte er sich den Spaß, auf einem Tisch Geld für den Hund zurückzulassen, wenn er zu einer Vergnügungspartie auszog.

Picasso hatte immer Tiere, die er sehr liebte. Aber sie waren oft darauf angewiesen, sich selber zu helfen. Sie verstanden sich rasch auf die Kunst, Nahrung aller Art zu finden. Ich sehe heute noch eine seiner Katzen vor mir, die durch das Fenster ins Atelier zurückkam und in ihrer Schnauze eine ordentlich lange Blutwurst daherschleppte. Sie hat sie nicht allein gegessen!

Picassos Atelier, einzigartig! Trotzdem fast keine Möbel vorhanden waren, fragte man sich schon beim Eintritt, mit welchen strategischen Mitteln es möglich sein könnte, ins Innere vorzudringen. Die Türe führte in einen ziemlich geräumigen Vorraum, von dem man ins Atelier gelangte. Der Türe gegenüber lag ein kleines Zimmer.

Ach, wenn Sie dieses Atelier gekannt hätten und all die verschiedenen Gegenstände, die man da fand: ein alter rostiger Ofen, der als Zimmerofen dienen mußte, der riesige eiserne Wascheimer, der immer voll schmutzigen Wassers war, der halbverfaulte Boden des kleinen Nebenzimmers, das als Rumpelkammer, als Kapelle und bisweilen auch zu galanten Zwecken diente.

Diese Kapelle, die zum Andenken an eine geliebte Frau errichtet worden war, welche wahren Gefühle steckten dahinter? Mystizismus, den Picasso von seiner italienischen Mutter geerbt hätte? Erinnerung? Vielleicht, aber besonders Laune, Ironie, Selbstverspottung. Das Porträt, eine sehr hübsche Federzeichnung, die sich hier befand, ist leider später an einer Ausstellung gestohlen worden.

Eine feine weiße Bluse lag neben zwei grellblauen Louis-Philippe-Vasen mit künstlichen Blumen, wie Cézanne sie zweifellos auch hatte. Übrigens hatte Max Jacob Mitbestimmungsrecht bei der Auswahl der Gegenstände für die Dekoration des Hauses.

Das Atelier war ein Schmelzofen im Sommer, und nicht selten machten es sich Picasso und seine Freunde sehr bequem. Sie empfingen ihre Besuche auf halb nackt, um nicht zu sagen ganz nackt: sie hatten nur ein Tuch um die Hüften geschlungen.

Übrigens fühlte sich Picasso wohl auf diese Weise, und die Feinheit seiner Glieder war für niemanden ein Geheimnis. Er hatte kleine Hände und andalusische Füße, auf die er wohl ziemlich stolz war. Er schätzte auch die schöne Linie seiner Beine, obschon sie etwas kurz waren. Breit in den Schultern, eher untersetzt, bedauerte er, daß ihm einige Zentimeter zur Vollkommenheit seiner Figur fehlten.

Im Winter war es so kalt in diesem Atelier, daß der auf dem Grund der Tassen verbliebene Tee am andern Morgen gefroren war.

Dies hinderte Picasso nicht, ohne Unterlaß zu arbeiten.

Opium

Die Tage gingen dahin und verwandelten das Leben; es wurde etwas ruhiger, ohne eigentlichen Einschnitt, ohne Regelmäßigkeit, aber immerhin etwas gesetzter. Die Anwesenheit einer Frau machte sich doch geltend. Man aß zu Hause. Aber Picasso, der sehr eifersüchtig war, erlaubte seiner Gefährtin nicht, allein auszugehen. Deshalb besorgte er selber die Einkäufe, und man konnte ihn zu jener Zeit mit dem Marktnetz in der Hand treffen, wie er alles, auch die kleinsten Dinge, für den Haushalt kaufte.

Die *Bande* schien vernünftiger geworden, wenigstens hie und da. Die Zeitabschnitte zurückgezogenen Lebens, wo die Arbeit allein herrschte, wurden länger gegenüber den allzu bewegten, mit Äußerlichkeiten verbrachten Tagen.

Trotz der materiellen Not, die einige Jahre andauerte, wollte der Maler keinerlei Konzessionen machen; er stellte nicht aus, wartete auf den Kunsthändler und entschloß sich selten, ihn selber aufzusuchen. In einer Zeit großer Not machte man ihm den Vorschlag, eine Nummer der *Assiette au beurre*, einer humoristischen Zeitung, herauszugeben, an der er 700 bis 800 Franken hätte verdienen können. Er lehnte energisch ab, um nicht zu sagen heroisch.

Dann erfuhr die Bewegtheit des Freundeskreises eine starke Beruhigung. In der *Closerie* hatten Picasso und seine Freunde ein Paar kennen gelernt, das Opium rauchte. Picasso, der auf alles neugierig war, probierte die Droge. Er rauchte zuerst bei jenem Paar; dann rauchte man bei ihm. Er erwarb sich eine kleine Lampe, den wunderbaren, bernsteinfarbenen Bambus mit dem durchdringenden Geruch, und während einiger Monate herrschte zwei- oder dreimal in der Woche das wundervolle Vergessen der Zeit und seiner selbst.

Die getreuen, mehr oder weniger zahlreichen Freunde, die sich auf Strohmatten niederlegten, erlebten hier reizvolle Stunden subtilsten geistigen Einvernehmens. Man trank kalten Tee mit Zitrone. Man sprach, man war glücklich; alles wurde schön, wurde edel. Man liebte die ganze Menschheit bei dem sorgsam gedämpften Licht der großen Petrollampe, dem einzigen Leuchtkörper des Hauses. Bisweilen, wenn die Flamme erlosch, erhellte nur noch das Lichtchen der Opiumlampe mit seinem flackernden Schein ein paar müde Gesichter ... Die Nächte vergingen in einer warmen, engen Gemeinschaft ohne jegliche unrechte Wünsche. Man sprach erleuchteten Geistes, mit verfeinerter Intelligenz über Malerei, über Literatur. Die Freundschaft wurde vertrauensvoller, zärtlicher, nachsichtiger. Am andern Tag beim Erwachen hatte man diese Gemeinschaft vergessen und fing wieder an, sich ein wenig zu necken, denn es gab keinen Künstlerkreis, in dem der Spott, das böse, manchmal verletzende Wort so sehr zu Hause war wie hier. Gemeinschaft des Geistes, der Kunst, der Ideen. Selten Gemeinschaft des Herzens, des Edelmuts. Und so viele Beteuerungen, so viel Bewunderung und Freundschaft, an der die Aufrichtigkeit so wenig Anteil hatte.

Max Jacob hat Picasso immer weitgehend geschont. Er empfand ihm gegenüber nicht nur eine große Bewunderung, sondern auch eine tiefe, zärtliche, grenzenlose Freundschaft. Aber bei den andern war es nicht so.

Dennoch, in diesen engen Kreis zusammengeschlossen, bildeten sie einen kleinen Orden, in den man nicht leicht eindringen konnte.

Der Kunsthändler Ambroise Vollard

Picasso hatte sich weiter entwickelt. Die *Période bleue* hatte den *Saltimbanques (Gaukler und Harlekine)* Platz gemacht.

Zuerst malte er ein großes Bild, eine Gruppe von Akrobaten auf einer Wiese, die einen ruhend, die andern arbeitend. Ein Kind versucht, sich auf einer Kugel im Gleichgewicht zu halten. Das Bild wurde, wenn ich mich recht erinnere, mehrmals umgearbeitet.

Dann folgten Guaschen und andere Bilder aus der gleichen Inspiration.

Es war Vollard, der alle Bilder dieser Periode erwarb. Er kam unerwartet ins Atelier und kaufte alles *en bloc*. Ich erinnere mich noch an die märchenhafte Summe von zweitausend Franken, die Picasso auf diese Weise bekam und die ihm gestattete, einige Monate in Spanien zu verbringen. Vollard bekam dafür etwa dreißig Bilder aller Größen.

Er kaufte von Picasso auch einige Radierungen aus dieser Epoche (1904 – 1907), die er zu einem Album vereinigte, das um das Jahr 1908 etwa hundert Franken kostete. Die besten dieser Radierungen sind Figuren, Zirkusgestalten, Elendsszenen und eine vor Herodes tanzende Salome.

Auch einige Skulpturen gelangten zu Vollard: der Entwurf einer Frauenbüste, der Kopf eines Narren mit Schellenkappe, die kraftvolle Maske eines spanischen Torero mit gebrochener Nase von sehr intensiver Wirkung.

Es ist schade, daß sich Picasso nicht stärker der Bildhauerei gewidmet hat. Seine Werke zeugen von ausgezeichneter Komposition und von schönem menschlichem Empfinden. Vielleicht spürte man darin nicht die Kraft, die von seiner Malerei ausgeht, aber dafür fand man umso mehr von der besonderen Anmut, die sein unauslöschliches Kennzeichen ist.

Wenn Sie zu Vollard gingen, würden Sie bei ihm nie einen Picasso finden und auch viele andere Werke nicht, die der Kunsthändler eifersüchtig verbarg und die er nur einigen Bevorzugten zeigte. Aber welche Schätze ruhten in seinen Kellern an der *Rue Lafitte!*

Seltsam, das Haus Vollard: alles spielte sich in den Kellern ab. Empfang von Künstlern, Mittagessen, Nachtessen ... Und was für gute Essen gab es dort, die durch Vollards Geist noch mehr gewürzt wurden, wobei sein kreolisches Lispeln einen besonderen, köstlichen Reiz ausübte. Aber Sie kennen Vollard und seine Geschichten und seine Schätze: Gauguin, Renoir, Cézanne, Lautrec, Degas, Picasso, Derain, Vlaminck ...

Vollard mit seinem Sinn für die Malerei, seiner natürlichen Feinheit, seinem originellen Geist und seinem eigenartigen Gesicht ist eine kraftvolle und sympathische Figur dieser Zeit.

Le Père Soulier

Nun ging Picasso immer weniger aus. Er lebte zu Hause, und seine Freunde gewöhnten sich daran, regelmäßig zu der Zeit zu kommen, da er sich ausruhte.

Übrigens, wenn er beschäftigt war, konnte man lange an die Türe klopfen, sie blieb geschlossen.

Ich habe schon gesagt, daß er gerne bei Nacht arbeitete. Die große Stille, die Ruhe halfen ihm, unterstützten seine Inspiration. Er stand oft nach vier Uhr nachmittags auf. Er sah seine Freunde, aß zu Abend, plauderte, und um zehn Uhr verließ er sie, um sich an die Arbeit zu machen und nicht aufzuhören bis gegen fünf oder sechs Uhr morgens.

Aber welche Wutanfälle, wenn Besucher, die sich nicht um seine Ruhe kümmerten oder nicht auf dem laufenden waren über seine Gewohnheiten, ihn am Vormittag weckten!

Er stand auf, beschimpfte sie, forderte sie auf sich wegzuscheren, mit oft heftigen und groben Ausdrücken.

Aber als Kunstfreunde und Händler ihn aufzusuchen begannen, mußte er diese Lebensform aufgeben. Es war nicht zu umgehen, die Besucher am Tage zu empfangen.

Mehr als andere interessierten sich die Deutschen für seine Kunst, für die sie Verständnis zu haben glaubten. In ihrem Bedürfnis, die bildende Kunst mit wissenschaftlicher Gründlichkeit zu erfassen, vernachläßigten sie vielleicht ein wenig das Kunstempfinden.

Picasso schien sich also an eine neue Lebensform gewöhnt zu haben. Er arbeitete vor seiner Leinwand, auf welche direkt das Tageslicht fiel, auf dem Boden oder auf einem niedrigen Stuhl sitzend oder stehend, je nachdem, was er malte. Die Leinwand stand oft auf dem Boden, an die Staffelei gelehnt. Seine Palette, seine Pinsel, seine umhergestreuten Farben rechts neben ihm. Er malte mit Petrol, mit dem gleichen, das man für die Lampen nahm. Seine Pinsel waren aus Marderhaaren.

Sein Farblieferant war zu jener Zeit Schwartz-Morin an der *Rue Lepic*. Er gewährte ihm ziemlich lange Kredit, den er aber eines Tages plötzlich aufhob, als die Schuld auf 900 Franken gestiegen war.

Ein neuartiger Käufer erschien eines Tages bei Picasso. Es war ein Krämer von der *Rue des Martyrs*, gegenüber dem Zirkus Medrano; er verkaufte Bettzeug und Trödlerwaren. Man nannte ihn Père Soulier. Wieso brauchte er einen Picasso? Tatsächlich machte er in der Folge zahlreiche Besuche im Atelier. Er kaufte Zeichnungen für wenige Franken. Wem verkaufte er sie wieder? Hatte er einen Liebhaber? Ich hatte ihn immer im Verdacht – vielleicht zu unrecht – im Dienste von Libaude zu stehen, dem Auktionskommissar für Pferde, der unter dem Namen Lormel schrieb und mit gewissen Malereien, für die er nur sehr wenig bezahlen wollte, ein Geschäft zu machen hoffte.

Um auf den Père Soulier zurückzukommen: seine Geschäfte mit Picasso wurden auf dem Schanktisch des benachbarten Bistro abgeschlossen. Er verfehlte nie, den Aperitif zu bezahlen, und alle, die sich zu der Zeit im Atelier befanden, waren dazu eingeladen.

Eines Tages kam er zu Picasso und fragte, ob er nicht ein Blumenbild habe, das er gleich mitnehmen könnte. Da Picasso keines hatte, schlug er vor, eines zu malen.

«Aber ich brauche es morgen», begehrte Père Soulier auf.

«Abgemacht, Sie bekommen es morgen Abend; es wird aber nicht trocken sein!»

«Schade, aber ich werde beim Tragen aufpassen.»

Das Unglück wollte es, daß Picasso zum Malen kein Weiß mehr hatte und daß der Farbenhändler ihm jeden Kredit verweigerte.

«Bah», sagte er sich, «ich male es ohne Weiß.»

Und er tat, wie er gesagt hatte. Dieses Bild mit schönen Blumen in frischen Tönen, ziemlich groß, wurde von Père Soulier mit zwanzig Franken bezahlt. Was ist aus ihm geworden?

Bei diesem Krämer kaufte Picasso später für fünf Franken ein Bild des Zöllners Rousseau: eine Frauenfigur in natürlicher Größe an einem Fenster, das gegen eine Landschaft mit Festungswerken geöffnet ist.

Aber welche Qual, unter solchen Bedingungen arbeiten zu müßen! Es waren oft harte Momente, die er ertrug, ohne in seiner Arbeit nachzulassen. Dies bewunderte ich am meisten an ihm.

Aber hat er denn je für etwas anderes gelebt als für seine Kunst?

Ziemlich traurig, sarkastisch, bisweilen ein wenig hypochondrisch, hat sich Picasso nicht getröstet (denn er schien immer einen großen Schmerz in sich zu tragen), aber er hat sich vergessen in seiner Arbeit, in der Liebe zu seiner Arbeit.

Es war für ihn ein Bedürfnis zu malen, zu suchen. Wie für Max Jacob oder Guillaume Apollinaire, vor allem ein Bedürfnis zu arbeiten, seinen Geist anzuregen, ihn nach seiner Phantasie walten zu lassen.

Übrigens verkaufte Picasso lieber ein Bild für zwanzig Franken, als daß er eingewilligt hätte, etwas zu tun, was er nicht mochte.

Bei Max

Max Jacob, Apollinaire und alle andern kamen täglich zu Picasso.

Max wohnte auch an der *Rue Ravignan*. Sobald man sein Zimmer betrat, sah man ihn, über seinen Tisch gebeugt, wie er beim trüben Licht einer rauchenden Lampe schrieb. Es war im Erdgeschoß gegen einen kleinen Hof, in den die Mieter ihren Haushaltkehricht warfen. Ein Fenster ging gegen diesen Hof, dessen trübes Tageslicht nicht bis in das Zimmer gelangte, und das Licht der Lampe ließ die dunkel gebliebenen Ecken noch düsterer erscheinen.

Max empfing hier seine Gäste jeden Montag. Man traf unbekannte Menschen, stumm, unbeweglich, brav dasitzend, gewöhnlich in der dunkelsten Ecke. Dazu eine Menge Leute verschiedenster Art, was die Atmosphäre schwer, bisweilen stickig, aber sehr geheimnisvoll machte.

Man kam sich vor wie unter Verschwörern. Und warum auch nicht? Konspirierte man nicht gegen alles Herkömmliche in der Kunst?

Max Jacob besorgte seinen Haushalt selber und schien ganz besondere Sorgfalt darauf zu verwenden, wie ein perverser, ängstlicher Kleinbürger.

Aber dieses Zimmer hatte trotz seines elenden Aussehens nichts Trauriges. Es war vor allem etwas Besonderes, Einmaliges; man spürte, daß die Intelligenz hier hauste. Der Geruch von Rauch, Petrol, Weihrauch, von alten Möbeln und Äther mischte sich zu einem schweren, unbeschreiblichen Parfüm, das aber auf jeden, der es einmal ein-

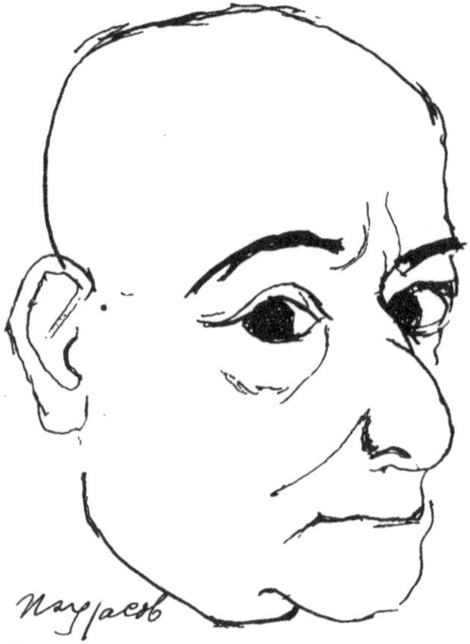

Max Jacob: Selbstbildnis

geatmet, faszinierend wirkte. Vielleicht war es auch inspirierend für Max selber.

Er empfing hier als Mann von Welt. Aufmerksam, liebenswürdig, galant, verbindlich. Er fand für jeden das passende Wort, aber immer im unerwartetsten Moment ließ er seinen ironischen oder boshaften Einfall vom Stapel, geladen mit seinem spezifischen Geist. Man hat Max Jacob für einen tolpatschigen Menschen gehalten. Er war es aber nur, wenn er es sein wollte.

In ihm war eine Mischung der verschiedensten Elemente. Genau wie im Geruch seines Zimmers: undefinierbar, nicht sehr harmonisch, aber immer geistreich.

Die Pförtnerin wachte über ihn und suchte ihn zu korrigieren, wie
 sie sagte. Sie pflegte ihn auch. Nach ihrer Ansicht hatte er zu viel Be-

such. Er kam auch zu spät nach Hause. Sie tadelte ihn wegen seiner Lebensweise, die sie nicht verstand. Er war das Gesprächsthema des Hauses, des Quartiers. Das liebte sie nicht. Sie hätte ihn gerne normaler gehabt. Er war überspannt, eine abenteuerliche Figur, ein bißchen verrückt ... aber doch sehr anständig, dienstfertig, liebenswürdig gegen alle, sagte sie, und nicht stolz ...

Max verstand es, der Eigenliebe seiner Nachbarn, der Eitelkeit seiner Nachbarinnen zu schmeicheln; er schlug für sie die Karten und wahrsagte ihnen, wodurch er sie, vielleicht gegen ihren Willen, an sich fesselte. Er liebte ganz besonders die Gesellschaft der kleinen Leute seines Quartiers, bei denen es ihm vorkam, als atme er Provinzluft.

Er war auf der Lauer nach allem Klatsch, nach den kleinen, naiven und banalen Geschichten, die die Schwatzbasen sich ins Ohr flüsterten und die für ihn ein ganz besonderes Salz hatten. Geschwätz von schmähsüchtigen Pförtnerinnen, von neidischen Nachbarinnen, die jeder Bewegung eine unnötige Wichtigkeit beimaßen, das amüsierte ihn, und er verstand es, dessen geschickt habhaft zu werden.

Er schlenderte gern am Morgen durch die *Rue des Abbesses*, die *Rue Lepic*, wenn die Hausfrauen bei den Karren der Gemüsehändler ihre Einkäufe machten. Er studierte die Gesichter, hörte zu, machte Notizen und erinnerte sich der kleinsten Dinge.

Dann erzählte er uns davon mit einer Miene naiver Bewunderung. Ernsthaft oder gekünstelt? Niemand, nicht einmal er selber wird es je wissen.

Er brillierte mit Anekdoten über *Quimper*, seine Heimat, die er liebte. Dieses Thema war unerschöpflich, und die Geschichten folgten sich, eine auf die andere, voller Fröhlichkeit. Er verstand es, aus allen Dingen das Lächerliche herauszuholen, und seine Phantasie war unermüdlich tätig. Er hat sich immer zu unterhalten gewußt, indem er die andern unterhielt, und wenn er wollte, war er blendender Laune.

Sänger und bei Gelegenheit Gesanglehrer, Klavierspieler, nach Bedarf Schauspieler, so war er der Animator aller unserer Feste. Er improvisierte Szenen, bei denen er immer die Hauptperson war. Ich habe ihn mit hundertmal gleichem Vergnügen hundertmal die Tänzerin mit den nackten Füßen mimen sehen. Die bis zu den Knien umgeschlagenen Hosen gaben die behaarten Beine frei. Hemdärmelig, mit weitgeöffnetem Kragen, unter dem die mit schwarzgekräuselten

Haaren gepolsterte Brust herausschaute, mit dem fast kahlen Kopf, den Kneifer immer auf der Nase, so tanzte er, indem er sich möglichst mit Grazie bewegte, sodaß man unentwegt lachen mußte über diese Karikatur. Er führte kunstvolle Schritte aus, tanzte auf den Zehenspitzen ... wie sollte ich mich erinnern, was er noch alles machte!

Er unterhielt uns, bis wir vor Lachen ganz müde waren. Als Chanteuse, mit einem Damenhut auf dem Kopf, wickelte er sich in einen Gazeschleier, sang mit Sopranstimme die richtigen Töne, aber absichtlich zum Lachen reizend.

Erinnern Sie sich noch an das Chanson aus einem Provinzkabarett:

Ah! Pauvres femmes que nous sommes,
Nous n'avons que des déceptions;
Nous adorons ces monstres d'hommes
qui ne nous rendent pas nos passions.

Und der Refrain:

Ah! superbe Pandore,
Brigadier que j'adore;
Ah! si tu restes froid
A mon amour pour toi,
Je l'dis avec franchise,
J'vais faire une bêtise.
Il faudra forcément
Que tu me mettes dedans.

Und die schmachtende Sentimentale:

Léna Calvé de Kerguidu
On dit que vos Yeux ont perdu
Des milliers d'ââââ...mes.

Und die *Langouste atmosphérique* von Offenbach ... *Sur les rives de l'Adour* ... und viele andere *Couplets*, die uns ganze Abende lang entzückten, ohne uns je zu ermüden.

Ich glaube, er kannte alle Operetten, alle Opern, alle Tragödien von Racine und Corneille und alle Komödien. Er spielte allein die Szene aus Horace: «*Qu'il mourût...*», indem er nacheinander die verschiedenen Personen darstellte und auch den Platz wechselte und unermüdlich die Antworten gab.

Und die Diktionsstunden mit dem Schauspieler Olin: der Schüler stotternd und der Lehrer schließlich eben so sehr stotternd wie der Schüler.

Wie weit scheint dies entfernt von dem ernsten, eleganten Mann, der er heute ist, scheinbar wenigstens! Wie sehnt man sich nach jener Zeit! Wie war doch die materielle Not gemildert durch den Geist, durch die Fröhlichkeit! Das Leben für das Leben, für alles, was an ihm jung, frisch und spontan war. Alles was das Leben freundlich, liebenswert machte, existiert heute nicht mehr. Jene Zeit ist tot. Sie scheint im Sterben alle Glücksmöglichkeiten mit sich genommen zu haben, denn das Glück besteht nur aus kleinen Freuden.

Bei Guillaume

Guillaume Apollinaire nahm eine Wohnung an der *Rue Henner*, nachdem er seine Mutter verlassen hatte, mit der er in *Vésinet* in einer sehr hübschen Villa gewohnt hatte. Auch er hatte einmal in der Woche Empfangstag, ich glaube am Mittwoch.

Welcher Unterschied zwischen der Wohnung von Max und der von Guillaume! Diese war hell, sauber, etwas gekünstelt, ohne besonderen Geschmack, bürgerlich, harmlos und frisch. Nach Regeln geordnet, ein wenig zurecht gemacht, aber überall war Licht, viel Licht am Tag und bei Nacht.

Der Salon, der zu klein war für die Gäste, öffnete sich nach einem Zimmer, in das man sich zurückzog, wenn man Ruhe haben wollte. Man ließ sich dort nieder, aber trug sehr Sorge, daß man nichts in Unordnung brachte, was Guillaume verdrossen hätte.

Vor allem durfte man das Bett nicht berühren. Die kleinste Falte, die er daran sah, die geringste Vertiefung riefen sein Stirnrunzeln und seine zornige Miene hervor. Ich war mit seiner Geliebten befreundet, die mir sagte, daß nur ein Fauteuil für ihr Zusammensein vorhanden sei. Sein Bett war geheiligt. Es mußte intakt bleiben für den Augenblick, da er sich zur Ruhe begab. Man durfte nichts darauf niederlegen, obschon die Garderobe nebenan viel zu klein war. Wenn jemand von uns mit allzu freien Manieren es sich einfallen ließ, sich auf sein Bett zu setzen, war dies ein Skandal. Sogar seine Geliebte durfte es nicht.

Es kamen viele Gäste hieher. Guillaume Apollinaire empfing die einen mit freundlicher Ungezwungenheit, die andern mit etwas hochtrabender Liebenswürdigkeit.

Der Tee wurde sparsam serviert. Guillaume war so kindlich, so unbewußt knauserig, daß man darüber lachte.

Einige Freunde belustigten sich über diese Schwäche, Cremnitz zum Beispiel, der sich über die Kästen und Speiseschränke hermachte und alles Eßbare zusammenraffte. Apollinaire stürzte herzu, wurde zornig, suchte zu retten, was er konnte, und ließ seinen Besitzergefühlen freien Lauf. Sein Egoismus paßte übrigens schlecht zu seinem empfindsamen Herzen, das leicht Mitleid verspürte, was aber immer nur sentimental, nie materiell zum Ausdruck kam. Oft war er gerührt bis zu Tränen. Aber ich habe nie gesehen, daß er einer Bitte um ein Darlehen nachgekommen wäre. Ich kenne keinen Freund, dem er geholfen hätte, während man bei Max Jacob nie umsonst anpochte; er gab, was er hatte. Für Picasso ‚hatte' Apollinaire übrigens auch etwa, als Schmeichelei und aus Eigenliebe.

Als er die *Rue Henner* verließ und sich in *Auteuil* an der *Rue Gros* niederließ, setzte er seine Mittwoch-Empfänge fort.

Picasso hatte selber nie einen bestimmten Empfangstag. Außerhalb seiner Arbeitsstunden stand sein Haus immer allen offen. Und auch sein Tisch. Man richtete sich ein, wie man konnte, mit dem vorhandenen Geld. Oft war es herzlich wenig. Er schätzte dies vielleicht nicht so sehr, wie man glauben konnte; aber er mußte mitmachen.

Eines Abends nach einem Empfang bei Apollinaire waren wir zum Nachtessen an der *Rue Gros* geblieben. Seine Freundin bereitete mit ihm die Mahlzeit mit dem unveränderlichen Menu. Immer gab es *Hors-d'œuvre*, einen Risotto und geschmortes Rindfleisch.

Als die Tafel gedeckt war und das *Hors-d'œuvre* auf dem Tisch stand, hatte Guillaume mit seiner Freundin eine Auseinandersetzung, die eine solche Wendung nahm, daß sie im Nebenzimmer fortgesetzt wurde.

Cremnitz, dem die Zeit lang wurde und der Hunger hatte, nahm vom Tisch ein Wursträdchen und aß es. Aber als Apollinaire wieder hereinkam, rot vor Wut und mit zerzausten Haaren, richtete sich sein erster Blick auf den Tisch, und noch ganz atemlos schrie er:

«Jemand hat Wurst gegessen!»

Man kann sich vorstellen, was für ein Riesengelächter diese Bemerkung entfesselte.

Picasso: Guillaume Apollinaire. Federzeichnung

Bei Rousseau

Eines schönen Tages machten wir die Bekanntschaft des Zöllners Rousseau. Apollinaire, der zu einer Abendgesellschaft bei ihm eingeladen war, schlug uns vor, ihn zu begleiten.

Der Zöllner bewohnte eine Art Atelier bei der *Rue Vercingétorix*.

Der wackere, etwas gebeugte Mann, mit trippelndem Gang, mit grauen, trotz seiner 65 Jahre noch dichten Haaren, mit dem Gehaben eines kleinen Rentners, trug auf seinem erschreckten Gesicht das Leuchten seiner Güte. Er errötete leicht, wenn ihn etwas verdroß oder genierte. Er hieß gewöhnlich alles gut, was man ihm sagte; aber man merkte, daß er sich zurückhielt und nicht zu sagen wagte, was er dachte.

Als wir gegen neun Uhr abends hinkamen, saßen zwei oder drei sonntäglich angezogene Paare steif auf allzu nahe zusammengeschobenen Stühlen, die in Reihen standen wie in einem Vortragssaal. Es waren die Bäcker, Spezereihändler und Metzger des Quartiers. Im Hintergrund befand sich eine Estrade.

Nach und nach kamen die Eingeladenen. Um ein Gedränge zu vermeiden, ersuchte sie Rousseau, sich gleich zu setzen. Er selber saß auf einem Stuhl neben der Türe wie eine Platzanweiserin im Theater.
Als alle da waren, begann die Sitzung.

Es waren Künstler da: Maler, Schriftsteller, Schauspieler; Picasso, Duhamel, Blanche Alban, Max Jacob, Apollinaire, Delauney, einige Deutsche, vermischt mit Krämern des Quartiers und mit Rousseaus persönlichen Freunden. Plötzlich stieg Rousseau auf die Estrade und spielte zur Eröffnung der Veranstaltung ein kleines Violinstück. Gleich darauf erschienen nacheinander Wesen, die, samt den dazugehörigen Gebärden, geschmacklose Lieder sangen oder endlose Monologe aufsagten. Als wir uns verabschiedeten, war Rousseau entzückt.

«Das war ein wohlgelungener Abend», sagte er.

Das Bankett für Rousseau

Einige Zeit später entschloß sich Picasso, auf seine Kosten in seinem Atelier ein Essen zu Ehren von Henri Rousseau zu geben. Dieser Plan

Henri Rousseau: Guillaume Apollinaire und seine Muse (Marie Laurencin). Öl. 1909

Picasso: Drei Holländerinnen. Gouache. 1905

Picasso: Das kärgliche Mahl (Le repas frugal). Radierung. 1904

begeisterte die Freunde, die sich freuten, den Zöllner gehörig aufzuziehen.

Man wollte etwa dreißig Personen einladen, und wer nach dem Essen noch kommen wollte, mochte es tun.

Unvorhergesehene Ereignisse erhöhten noch den Effekt dieses Festes. Die ganze Dekoration war bereit, Blätterwerk umhüllte Säulen und Balken und schmückte die Zimmerdecke. Hinten war auf dem für Rousseau bestimmten Platz eine Art Thron errichtet mit einem Stuhl, der auf einer Kiste stand und sich von einem Hintergrund von Fahnen und Lampions abhob. Darüber ein breites Spruchband: «Hoch lebe Rousseau!»

Der Tisch bestand aus einem langen Brett auf Holzblöcken. Die Stühle, das Geschirr und das Besteck hatte man wie gewohnt vom Restaurateur Azon bezogen. Dicke Gläser, schwere kleine Teller, zinnernes Besteck. Aber man schaute nicht so genau hin.

Alles war bereit, die Gäste drängten sich in dem zu klein gewordenen Atelier; aber um acht Uhr wartete man immer noch auf das Nachtessen, das bei einem Speisehaus bestellt worden war. Es kam erst am andern Tag zur Mittagszeit!

Man raffte alles zusammen, was man bei den Zuckerbäckern und in den Wirtschaften des Quartiers finden konnte, während die Eingeladenen wieder in die Bar zurückgekehrt waren und unter den anfeuernden Klängen des mechanischen Klaviers weitere Aperitifs genossen.

Da wurde nun die arme Marie Laurencin, von den Freunden ‚Coco' genannt, die sich als Neuling in dieser Künstlerwelt befand, besonders aufmerksam behandelt von einigen Gästen, die sich vorgenommen hatten, sie betrunken zu machen.

Das war nicht schwer. Kaum war sie ins Atelier zurückgekehrt, so plumpste sie in die Obstkuchen, die auf dem Divan lagen, und mit den von Kompott beschmierten Händen und Kleidern umarmte sie alle Welt. Da sich ihre Erregung nicht dämpfen ließ, kam es zu einem Disput zwischen ihr und Apollinaire, und man spedierte Coco etwas brutal nach Hause zu ihrer Mutter.

Endlich setzte man sich zu Tisch. Rousseau, der meinte, das Essen sei gekommen, richtete sich ernst, mit Tränen in den Augen unter dem Baldachin ein, den man ihm errichtet hatte. Er trank mehr, als es seine Gewohnheit war, und fiel schließlich in eine sanfte Schlaftrunkenheit.

Es gab Reden und Chansons, die für diesen Anlaß komponiert worden waren. Apollinaire deklamierte mit seiner dumpfen Stimme sein für diesen Anlaß verfaßtes Gedicht, in dem er Rousseaus glorreiche militärische Vergangenheit wachrief (über die man sich heute zwar gar nicht im klaren ist):

Tu te souviens, Rousseau, du paysage aztèque,
Des forêts où poussaient la mangue et l'ananas,
Des singes répandant tout le sang des pastèques
Et du blond empereur que l'on fusilla là.

Les tableaux que tu peins, tu les vis au Mexique:
Un soleil rouge ornait le front des bananiers
Et valeureux soldat, tu troquas ta tunique
Contre le dolman bleu des braves douaniers.

Le malheur s'acharna sur ta progéniture,
Tu perdis tes enfants et tes femmes aussi
Et te remarias avecque la peinture
Pour faire tes tableaux, enfants de ton esprit.

Nous sommes réunis pour célébrer ta gloire,
Ces vins qu'en ton honneur vous verse Picasso,
Buvons-les donc, puisque c'est l'heure de les boire
En criant tous en choeur: ,Vive! Vive Rousseau!'

O peintre glorieux de l'alme République,
Ton nom est le drapeau des fiers Indépendants
Et dans le marbre blanc, issu du Pentélique,
On sculptera ta face, orgueil de notre temps.

Or sus! que l'on se lève et qu'on choque les verres
Et que renaisse ici la française gaieté;
Arrière noirs soucis, fuyez ô fronts sévères,
Je bois à mon Rousseau, je bois à sa santé.

Rousseau dankte mit einigen Worten, die er vor Erregung daherstammelte. Er war so glücklich, daß er es stoisch ertrug, den ganzen Abend
 die Wachstropfen eines großen Lampions, der über ihm hing, auf seinen

Schädel fallen zu lassen. Diese Tropfen bildeten schließlich auf seinem Kopf einen kleinen Hügel in der Form eines Clownhütchens, das er behielt bis zu dem Moment, da der Lampion Feuer fing. Man überzeugte Rousseau, daß dies die Schlußapotheose sei. Dann begann Rousseau, der seine Geige mitgebracht hatte, ein kleines Stück zu spielen.

Wahrlich ein pittoresker Abend! Zwei oder drei amerikanische Paare, die sich hieher verirrt hatten, gaben sich Mühe, nichts von ihrer Feierlichkeit zu verlieren. Die Herren in dunklen Anzügen, die Damen in hellen Abendkleidern gaben gleichsam eine Vorstellung in ihrem Kreis.

Die Frauen der Künstler trugen einfache, aber originelle Kleider. Madame Agero in einem schwarzen Kittel, ihr sorgloser Gatte, der hier zu sein glaubte und dennoch abwesend schien; die Pichot und Fornerod, André Salmon und Cremnitz, die am Schluß des Abends ein Delirium tremens simulierten, indem sie Seife zerkauten, die sie um ihre Lippen schäumen ließen, worüber die Amerikaner in Entsetzen gerieten. Auch Jacques Vaillant, Max Jacob, Apollinaire, Léo und Gertrude Stein und andere waren da.

Nach dem Essen defilierte fast ganz Montmartre durch das Atelier. Aber viele, die nicht bleiben konnten, rafften zum Trost Backwerk und andere eßbare Dinge zusammen, die in ihrer Reichweite waren. Ich habe einen beobachtet, der sich reichlich die Taschen füllte, obwohl ich ihn mit meinen Blicken fixierte.

Rousseau sang sein Lieblingslied: *Aie, aie, aie, que j'ai mal aux dents...*

Aber er konnte es nicht beendigen; er schlief ein und schnarchte sanft.

Bisweilen erwachte er plötzlich und markierte ein lebhaftes Interesse für das, was um ihn her vorging. Aber er hielt nicht lange stand, und sein Kopf fiel wieder auf seine Schulter. Er war reizend in seiner Schwäche und Naivität und von einer rührenden Eitelkeit. Lange hatte er diesen Empfang, den er treuherzig für eine Huldigung an sein Genie hielt, in schönster Erinnerung behalten. Er hat in diesem Sinne einen hübschen Dankbrief an Picasso geschrieben.

Einige Zeit später verlobte sich Rousseau, der zum zweiten Mal Witwer geworden war, ein drittes Mal. Er hatte Zwistigkeiten mit seinem künftigen Schwiegervater, der ihn zu alt fand für seine Tochter. Und dabei war diese neunundfünfzig Jahre alt. Rousseau wird etwas mehr als sechzig gewesen sein. Und der Schwiegervater zählte dreiundachtzig Jahre. Es brachte Rousseau zur Verzweiflung, daß die Braut nicht über den Willen des Vaters hinweggehen wollte. Er war ganz traurig darüber.

«Man kann in meinem Alter noch lieben, ohne lächerlich zu sein. Es ist nicht mehr die gleiche Liebe wie für euch, die Jungen. Aber soll man verzichten und allein leben, bloß weil man alt ist? Traurig in eine leere Wohnung heimkehren, ist herzzerreißend. Gerade in meinem Alter hat man ganz besonders das Bedürfnis, sich das Herz zu wärmen und zu wissen, daß man nicht einsam sterben muß, sondern daß vielleicht ein anderes altes Herz uns helfen wird, hinüberzugehen. Man darf sich nicht lustig machen über die Alten, die heiraten. Man hat das Bedürfnis, neben einem Wesen, das man liebt, auf den Tod zu warten, den man ganz nahe spürt.»

Er sagte dies alles mit einer feinen, zarten und weichen Stimme ... Er hatte keine Zeit mehr, seine Absicht zu verwirklichen. Er starb ganz allein im Spital, einige Monate später.

Noch ein Wort, das seine Treuherzigkeit dartut. Ich sprach eines Tages mit ihm von jenem Bild, das Picasso bei Père Soulier gekauft hatte, jene Frau vor einem Fenster; ich habe schon davon gesprochen. Da ich immer gemeint hatte, jenes Fenster öffne sich auf eine schweizerische Berglandschaft, sagte ich zu Rousseau: «Sie waren also in der Schweiz, als Sie dieses Bild malten?»

Er warf mir einen vorwurfsvollen Blick zu, wie wenn ich mich über ihn lustig gemacht hätte.

«Aber, aber», antwortete er, «erkennen Sie denn die Befestigungen von Paris nicht? Ich habe dies gemalt, als ich als Zöllner am Tor von... amtete.»

Ich habe vergessen, welches Tor es war.

1907 - 1910

Van Dongen

Im Jahre 1905 richtete sich Van Dongen an der *Place Ravignan* im *Bateau-Lavoir* ein mit seiner Frau und seiner Tochter.

Dann, nach ihm, kam Mac Orlan. Er wohnte im ersten Stock und hatte das Atelier im *Soussol*, wo später nacheinander Salmon, Max Jacob und Reverdy wohnten. Der Maler Jacques Vaillant folgte auf Van Dongen, dann Herbin, Agero, Vighels, der deutsche Maler, der sich nach einer Rauschgiftnacht das Leben nahm ...

Vlaminck kam ziemlich oft zu Van Dongen. Dort machte die *Bande Picasso* seine Bekanntschaft. Er lebte damals in *Chaton* mit seiner Frau und seinen drei Töchtern. Die materiellen Sorgen waren für ihn noch größer als für die andern; oft mußte er abends zu Fuß nach *Chaton* zurückkehren.

Die Familie Van Dongen war gastfreundlich. Die liebenswürdige Frau des Malers sah sich gerne von Menschen umgeben. Ich weiß, daß sie zu jener Zeit ihren Haushalt mit einer Summe Geldes führte, die oft im Monat keine hundert Franken betrug.

Picasso spielte stundenlang mit dem kleinen Töchterchen, das ihn ‚Tablo' nannte, welchen Namen sie immer beibehielt.

Van Dongen verbrachte seine Abende in den Tanzlokalen, in den *Montmartre-Cafés*, mit einem Skizzenbuch in der Hand. Er nahm das Leben von *Montmartre* gründlich in sich auf. Er hat dessen realistische - um nicht zu sagen ordinäre - Seite festgehalten, wie man sie auch in einigen mondänen Porträts wiederfindet.

Pierre Mac Orlan war zu jener Zeit noch Pierre Dumarchais. Man traf ihn, wie er melancholisch auf der *Butte* herumirrte, von einem Dachshund begleitet.

Die Silhouette von Mac Orlan erinnerte ein wenig an die von Picasso, aber nur an Picasso im Winter, wenn der unvergeßliche, zu weite und zu lange Mantel um seine Fersen schlug, der ihn schlecht vor der Kälte schützte, unter der er mehr als andere litt. Den gleichen Mantel, die gleiche Mütze trug Dumarchais. Aber im Sommer, ohne Mantel sah er wegen seiner mageren Gestalt mit dieser Mütze wie ein Jockey aus.

Übrigens glich Mac Orlan in jener Zeit niemandem so sehr wie Bibi-la-Purée.

Man sah an der *Rue Ravignan* auch Uhde, einen Freund jenes deutschen Malers, von dem ich schon gesprochen habe. Uhde war ein ehemaliger deutscher Offizier, Schriftsteller, Kunstkritiker. Als erster ‚entdeckte' er Rousseau und erwarb zahlreiche Bilder von ihm zu bescheidenen Preisen. Als leidenschaftlicher Bewunderer des Kubismus half er den Künstlern und machte sie in verschiedenen Kreisen des Auslands bekannt.

Zu dieser Zeit rauchten wir Opium, und das hätte uns zum Unheil werden können, wenn nicht der Tod von Vighels dieser Gewohnheit ein plötzliches Ende bereitet hätte. Überall glaubte man den guten Jungen aufgehängt zu sehen, wie man ihn zum letztenmal gesehen hatte. Man bedauerte ihn, man weinte um ihn. Er wurde auf dem Friedhof von *Saint-Ouen* beerdigt. Alle Freunde nahmen an der Beerdigung teil. Auf dem Heimweg kehrte man im *Lapin à Gill* ein. Man stärkte sich, man begann den Toten zu vergessen. Nie hat später jemand sein Grab besucht. Aber man rauchte nie mehr, auch nicht eine einzige Pfeife Opium.

Reverdy war auch nicht reich zu jener Zeit, und seine Frau, wie auch die Frau von Agero, waren beide Näherinnen und nähten oft ganze Nächte durch, um ihre großen Männer zu erhalten.

Als der Maler Jacques Vaillant in das Haus zog, gab es jeden Abend mächtigen Betrieb. Er war fröhlich, gesellig, arbeitsam, er konnte in Begeisterung geraten, trank, sang, schrie, zerschlug alles; sein Lachen glich einem Zähneknirschen, sobald er etwas zu viel getrunken hatte, und dies war regelmäßig jeden Abend der Fall.

Dieser Spaßmacher vermehrte noch den oft ermüdenden Betrieb des Hauses, und die Hausverwalterin, die doch die Künstler gern mochte, war außer sich.

Sie sollte ein bescheidenes Plätzchen einnehmen in der Erinnerung aller, die hier gewohnt haben und die, wenn sie auch nie pünktlich zahlten, kein unfreundliches Wort von ihr zu hören bekamen. Wenn sie versuchte, die Ordnung herzustellen, so war es umsonst, und sie beharrte nicht darauf.

Sie war es auch, die die Kunstfreunde begleitete, die zu früh zu Picasso kamen. Picasso öffnete am Morgen nie. Die Hausverwalterin, die dies und viele andere Dinge wußte, zum Beispiel daß ständig Geldmangel herrschte, begleitete die Besucher und rief, indem sie selber an die Türe klopfte:

« M'sieu Picasso, M'sieu Picasso, Sie können aufmachen, es ist ein ernsthafter Besuch. »

Picasso, ganz verschlafen, sprang aus dem Bett und ebenso seine Gefährtin, die sich ins Nebenzimmer verzog. Er öffnete. Es war oft Olivier Saincère, der draußen stand und der Picasso, dem eine nachläßige Bekleidung gar nichts ausmachte, zuerst aufforderte, eine Hose anzuziehen.

Dieses Haus an der *Rue Ravignan* war sehr merkwürdig gebaut. Wenn man herein kam, befanden sich einige Ateliers im Erdgeschoß. Aber man mußte hinuntersteigen, um zu den andern Ateliers zu gelangen, die sich im vierten und fünften Stock gegen einen Hof der *Rue Garraud* befanden.

André Salmon

Dann kam Salmon in dieses Haus zu wohnen, nachdem er seine kleine Wohnung an der *Rue Saint-Vincent* verlassen hatte und damit auch seine Hausbesitzerin Mme. Lamette, von der er immer so lustig erzählte, und die Nähe des Friedhofs *Saint-Vincent*, auf den er aus seinen Fenstern geblickt und ebenso auf den *Lapin à Gill*.

Er war ein wunderbarer Erzähler und gestaltete die heikelsten Geschichten auf köstliche Weise. Ganz anders als seine Freunde Guillaume Apollinaire und Max Jacob gefiel Salmon durch seinen feinen, scharfen, hellen, eleganten Geist. Spottsüchtig, auch liebenswürdig, ein Poet, war er vielleicht sentimentaler als die andern. Träumer mit einer lebendigen Empfindsamkeit, groß, mager, vornehm, mit intelligenten Augen in einem blassen Gesicht. Er schien sehr jung. Er hat sich übrigens nicht verändert. Seine langen, feinen Hände hielten auf ganz besondere Weise die Holzpfeife, die er immer rauchte. Seine etwas linkischen, ungeschickten Bewegungen verrieten seine Schüchternheit.

Sein großer Freund Cremnitz war auch der unsrige. Cremnitz von damals, mit dem kleinen, roten Bärtchen – was ist er heute? Hat er seinen kämpferischen Geist und seine wilde Originalität verloren? Fein, voller Humor, waren seine treffenden Entgegnungen gefürchtet, aber man amüsierte sich auch darüber. Ein kühler Ironiker, aber fröhlich. Er sang mit einer Stimme ohne Klang und oft falsch alte reizende Seemannslieder. Manchmal war er lustig, ohne Ziererei. Aber wenn er einen von uns angriff, war sein Benehmen nicht immer anständig. Man merkte eine Art Eifersucht, die er schlecht verbergen konnte.

Er war ein ehemaliger Freund von Jarry, den ich wenige Monate vor seinem Tod noch flüchtig kennen gelernt hatte. Ich erinnere mich, daß sie oft zusammen die Flaschen austranken, die sie im Lauf der Nacht gesammelt und die Jarry mit sich heimgenommen hatte.

Cremnitz! Was für köstliche, gewagte Geschichten könnte ich hier erzählen, wenn ich nicht fürchtete, Ärgernis zu erregen oder ihn selber böse zu machen!

Man sah ihn oft mit einem jungen Bildhauer, André Deniker. Er war der Sohn eines Professors am naturhistorischen Museum und wohnte bei seinen Eltern in einem Hause im *Jardin des Plantes*. Er nahm uns mehrmals bei Nacht dorthin mit. Alles war so geheimnisvoll, daß wir fast Angst bekamen. Mir schien alles voller Gefahren. Bei jedem Schritt, jeden Augenblick glaubte ich, ein wildes Tier, einen Raubvogel lauern zu sehen oder ein im Dickicht kauerndes Reptil. Aber diese Spaziergänge waren von besonderem Reiz, beunruhigend, aufregend, und man wiederholte sie mit Vergnügen. Es war trotz allem wohltuend nach den fiebrigen Tagen.

Paulette Philippi war eine Kameradin von Paul Fort. Wir trafen sie oft miteinander, bisweilen mit Braque zusammen und immer mit Marguerite Gillot. Sie war die zärtliche Freundin des Dichterfürsten, sanft und sentimental, ein starker Kontrast zur ironischen, spöttischen Paulette, deren *Montmartre*-Geist den Zuhörer rasch ermüdete.

Marguerite Gillot war Dichterin von mittelalterlichem Gehabe und Aussehen. Zwei dicke blonde Zöpfe umrahmten ihr Gesicht und reichten bis auf den Boden. Eines Tages opferte sie einen dieser Zöpfe, aus Ärger, weil sie umsonst auf ihren Freund gewartet hatte. Diese schmachtende, träumerische Dichterin – sie ist jetzt gestorben – konnte, wie es scheint, am Morgen nicht aufstehen, bevor sie eine Flasche Weißwein geleert hatte.

Unter uns war auch Jean Mollet, immer auf der Suche nach einer Anstellung, die er nicht zu finden sich bemühte. Er war Apollinaires Faktotum und blieb sein und seiner Mutter Vertrauter. Durch ihn vernahmen wir viel über das innerste, mysteriöse Leben der Mutter des Dichters. Er erzählte gerne die geheimsten Dinge von diesen und jenen, und ich habe ihn im Verdacht, daß er oft der Wahrheit noch einiges hinzugefügt hat.

Picasso: André Salmon. Federzeichnung. 1907

Édouard Gazanion, ein verwunschener Dichter, auferlegte uns seine Träumereien, seine Trauer, seinen ehelichen und literarischen Verdruß. Er sprach mit Vergnügen von seiner *petite plaquette de vers*. Wir amüsierten uns über dieses Plättchen, denn wenn man auch immer davon sprach, so sah man es doch nie. Endlich erschien es in Form eines ziemlich ansehnlichen Schmökers.

Er war blond, weiß, rosig, neurasthenisch, alles machte ihn grüblerisch oder verdrießlich, von der Wahl einer Krawatte bis zu den Zweifeln über die Treue seiner Frau. Er war zärtlich und empfindsam mit plötzlichen Anfällen von Boshaftigkeit, die ihn geistreich machten. Aber er war trotz allem die beste Seele, die ich gekannt habe, und seine Freunde – darunter Carco, sein intimster – erinnern sich daran.

Carco, damals noch sehr jung, fast noch ein Jüngling, aber schlau, wußte schon alles vom Leben. Immer in Verteidigung, ein Spötter; sein lasterhafter, beobachtender Blick saugte alles auf. Ich habe ihn zuerst bei Édouard Gazanion, bei dem er wohnte, kennen gelernt. Dann sah ich ihn eines Tages im *Lapin à Gill*. Auf einem Tisch sitzend sang und spielte er mit dem köstlichen Talent eines *caf'-conc'*-Sängers ein Chanson jener Zeit:

T'es pas jolie
Ma Loulou
Mais je t'aimerai tout' la vie
Comme un fou.

Lolo, der Esel und Maler

Der *Lapin à Gill* war der Ort, wo die Künstler sich trafen, an den Sommerabenden auf der Terrasse, im Winter in dem düsteren, rauchigen Saal. Und Frédé, der Patron, erwiderte die Besuche, die wir ihm machten. Ich sehe ihn noch bei Picasso eintreffen, begleitet von seinem Esel Lolo. Der berühmte Lolo, der Mitglied der *Indépendants* wurde unter dem Namen Boronali, dank einem von Dorgelès ausgeheckten Malerspaß.

Frédé brachte das gute, wackere Tier zu Picasso. Das ging leicht, weil das Atelier im Erdgeschoß lag. Während man den Apéritif trank, den Frédé mitbrachte, fraß Lolo, der in einer Ecke angebunden wurde, alles was er erreichen konnte. So verschlang er einmal ein Paket Tabak und zwei Seidentücher, die auf einem Divan lagen.

Picasso liebte die Tiere; sie genossen immer seine Gunst. Er hätte gerne einen Hahn, eine Ziege, einen Tiger gehalten, aber er begnügte sich mit Hunden und Katzen, denen später eine Meerkatze Gesellschaft leistete. Einmal hatte er gleichzeitig drei Katzen, zwei Hunde, eine Schildkröte und eine Meerkatze!

Aber ich habe vorgegriffen, und ich kehre zur Epoche der *Rue Ravignan* zurück, von der ich sprach.

Der ganz junge Utter (war er sechzehn Jahre alt?) war nur ein kleiner Arbeiter in blauer Hose. Er machte seine ersten Versuche, ermutigt und geleitet durch Suzanne Valadon.

Bei ihren sentimentalen Spaziergängen auf der *Butte* stießen sie einmal auf den betrunkenen Utrillo, der in einem Sträßchen neben der Kirche von Sacré-Cœur an einen Prellstein gelehnt eingeschlafen war, und den Suzanne in mütterlicher Besorgtheit zu sich nach Hause nahm. Suzanne Valadon wohnte damals noch nicht an der *Rue Cortot*, sondern neben der *Place Pigalle*, in der Sackgasse *Guelma*.

Die Kunstliebhaber

Olivier Saincère war ein bewußter und beharrlicher Liebhaber von Picassos Kunst. Er kam fast regelmäßig und kaufte ein Gemälde, eine Zeichnung, einen Stich ... Das war eine bescheidene, aber sichere materielle Hilfe.

Er hatte einen wirklichen Glauben an die moderne Malerei, die er wie ein Künstler, nicht nur wie ein Kunstfreund liebte. Welche Freude war es für den Maler nach diesen Besuchen, wenn Saincère auf die Tischecke zwei oder drei Hundertfrankennoten hingelegt hatte! An solchen Tagen aß am Abend die ganze Bande gemeinsam. Nachher ging man in den Zirkus Médrano.

Zur Überraschung Picassos kamen eines Tages zwei Amerikaner zu ihm, Bruder und Schwester. Er mit dem Aussehen eines Professors, Glatze, goldene Brille, langer, rötlich schimmernder Bart, schlauer Blick.

Eine große, steife Figur mit seltsamen Körperhaltungen und kurzen Bewegungen. Der Typus des deutsch-amerikanischen Juden.

Sie, beleibt, kurz, schöner, kräftiger Kopf mit edlen, regelmäßigen Zügen, die Augen intelligent, klarblickend, geistvoll. Männlich in ihrer Stimme, in ihrem ganzen Gehabe. Picasso hatte die beiden bei Sagot getroffen, und, von der äußeren Erscheinung der Frau bezaubert, hatte er ihr, ohne sie näher zu kennen, vorgeschlagen, ihr Porträt zu malen.

Beide trugen braune Manchesterkleider und Sandalen à la Raymond Duncan, mit dem sie befreundet waren. Sie waren zu intelligent, sich darum zu sorgen, ob sie lächerlich wirkten, und ihrer selbst zu sicher, als daß sie sich gekümmert hätten, was andere Leute dachten. Sie waren reich, und er wollte malen. Sie hatte den Doktortitel, war literarisch tätig, hatte von Wells Komplimente geerntet, worauf sie nicht wenig stolz war.

Sie verstanden die moderne Malerei, ihren künstlerischen Wert und den Einfluß, den sie gewinnen konnte. Als große Bewunderer der Avantgardisten und ihrer Werke empfanden sie mit Intelligenz und besaßen, was man das *Flair* nennt.

Sie waren sofort ‚im Bilde' und kauften schon bei ihrem ersten Besuch für 800 Franken Malereien. Das war unverhofft.

Sie luden Picasso zum Essen ein und seine Freunde zu ihren Samstag-Gesellschaften. Picasso wurde ein regelmäßiger Tischgenosse des Hauses, zusammen mit Matisse, den er dort traf.

Die Steins bewohnten an der *Rue de Fleurus* einen Pavillon mit Atelier hinter einem großen Hause. Ihre Bildersammlung war schon sehr schön. Sie besassen Werke von Gauguin, von Cézanne, unter anderen das schöne Porträt der Frau des Künstlers in blauem Kleid, auf einem granatfarbenen Stuhl sitzend, viele Aquarelle von Cézanne, einen kleinen Manet, einen Greco, verschiedene Renoir, darunter die lichtvolle *Baigneuse de dos*. Schöne Matisse, einen Vallotton, exakt und kalt wie immer, mehrere Manguin und Puy und noch viele andere, zu denen sich nun die Picasso gesellten.

Eine ziemlich gemischte Gesellschaft besuchte die Samstag-Abende. Die Steins, als kleine Mäzene dieser seltsamen Epoche, trugen viel dazu bei, die modernen Künstler bekannt zu machen.

 Ein Bruder von ihnen, der sich mit seiner Frau in Paris niederließ, faßte ebenfalls eine außergewöhnliche, wenn auch weniger verständnisvolle Liebe zur Malerei. Er sammelte eifrig Picasso und besonders Matisse.

Der viel ältere, ernsthafte, behutsame Matisse hatte nicht die gleichen Ansichten wie Picasso. ‚Nordpol und Südpol' sagte er, wenn er von ihnen beiden sprach.

Marie Laurencin

Marie Laurencin war zwanzig Jahre alt. Schöne, kastanienbraune Kraushaare fielen in einem dicken Zopf auf ihren Rücken.

Ein Ziegengesicht mit verhängten Augenlidern, dem Blick der Kurzsichtigen, die Augen nahe bei der zu spitzen Spürnase, die am Ende immer etwas rot war. Sie gab sich große Mühe, einfach als Naive zu wirken, was sie im Grunde auch war. Ihre elfenbeinfarbene, unreine Haut rötete sich lebhaft auf den Wangen, wenn sie erregt war oder sich genierte. Sie war ziemlich groß, und ihre Kleider umschlossen immer eng ihre schmalen, aber ausgeprägten Formen. Die langen, roten Hände, wie man sie oft bei sehr jungen Mädchen sieht, waren trocken und knochig. Sie hatte das Aussehen eines kleinen Mädchens, das etwas lasterhaft ist oder dies wenigstens glauben machen möchte.

Picasso und Apollinaire, die sie bei Sagot getroffen hatten, brachten sie zu Steins.

Um ihr einen Streich zu spielen, gab ihr Leo Stein den *Ubu roi* von Jarry in die Hände, weil er dachte, die Derbheit gewisser Ausdrücke werde sie schockieren. Aber gar nicht betroffen, sagte Marie treuherzig lächelnd: «Ich habe dieses Buch gar nicht gekannt. Würden Sie es mir leihen?»

Trotz Apollinaire, der sehr von ihr eingenommen war und sie uns aufdrängen wollte, gelangte sie nicht sogleich in unsern engsten Kreis.

Sie war wenig natürlich, posierte etwas läppisch, alles war sehr ‚gemacht', und sie war besonders gespannt auf den Effekt, den sie erzielte. Sie hörte sich selber zu beim Sprechen und überwachte in den Spiegeln ihre allzu gewollten, kindlichen Bewegungen.

Guillaume amüsierte sich sehr darüber; man sah sie immer beisammen. Sie lebte bei ihrer Mutter, die ebenso reserviert und diskret war, wie dies ihrer Tochter mangelte. Sie hatten eine Wohnung am *Boulevard de la Chapelle*, die sie aufgaben, um in *Auteuil*, *Rue La Fontaine*, zu wohnen.

Die Katze Pussy Cat herrschte als Favoritin. Marie hatte aus einem Zimmer ein reizendes Atelier gemacht, wo sie viel arbeitete. Zu welcher Stunde man sie auch aufsuchte, sie öffnete selbst die Türe, Palette und Pinsel in der Hand, und man mußte sich vor den Farben in acht nehmen.

Die Mutter stickte unermüdlich und trällerte dazu alte normannische Weisen, Erinnerungen aus ihrer Kindheit.

Die Wohnung war etwas kühl, von kleinstädtischer Stille, und man wurde freundlich aufgenommen.

Marie kam eines Tages mit Apollinaire zu Picasso. Überall herumstöbernd brachte sie alles durcheinander und faßte alles an. Sie wollte alles sehen, die hinterste Ecke inspizieren. Und sie tat dies in einer erstaunlichen Ungeniertheit und Kaltblütigkeit. Um besser zu sehen, hielt die Neugierige die Lorgnette über den Zwicker.

Auf einmal – vielleicht ist sie müde geworden – hält sie sich still. Sie setzt sich und scheint an dem Gespräch teilzunehmen, das sie plötzlich durch einen gellenden, unartikulierten Schrei unterbricht. Man schweigt erstaunt ... Man schaut sie an ... «Das ist der Schrei des Großen Lamas», sagt sie freundlich.

Dann spielt sie das Spiel des Haare-Ordnens und bearbeitet heftig ihren flatternden Haarschopf. Will sie, daß man bewundert, was entschieden ihr Schönstes ist?

All dies tat sie auf unbefangenste Weise, scheinbar ... aber ... aber. Der gute Guillaume, hocherfreut, war entzückt. Was bedeutete dieses Spiel? Sorglosigkeit? Koketterie? Schwer zu sagen ...

Damals war sie ohne großen Reiz, hat aber seither gewonnen; doch es ist ein etwas seltsamer, befremdlicher Reiz, der offenbar von den zögernden Bewegungen ausgeht, wie sie die Kurzsichtigen haben.

Nicht hübsch, aber beunruhigend, ohne daß man das wahre Wesen, die wahre Intelligenz dieses gezierten Persönchens ergründen könnte.

Man gewöhnte sich schließlich an ihre Allüren. Wenn Apollinaire sie mitbrachte, kümmerte man sich nicht um sie.

Das Urbild eines großen Meisters. Ein Gesicht mit regelmäßigen Zügen, mit starkem, goldgelb schimmerndem Bart. Matisse war sympathisch. Er schien sich zwar hinter seinen großen Brillengläsern zu verstecken, die den Ausdruck seiner Augen zurückhielten; aber er redete ausführlich, wenn man mit ihm auf die Malerei zu sprechen kam.

Er diskutierte, bekräftigte, wollte überzeugen. Von einer erstaunlichen Klarheit des Geistes, kurz und bündig, intelligent. Wohl viel weniger einfach, als er hätte scheinen wollen. Er war schon etwa 45 Jahre alt.

Ganz Herr seiner selbst, im Gegensatz zu Picasso, der bei solchen Zusammenkünften schüchtern, immer ein wenig verdrießlich und gehemmt war, brillierte und überzeugte Matisse.

Sie waren die zwei Künstler, von denen man am meisten hörte.

War Matisse der Schöpfer des *Fauvismus*? Ich glaube, man muß diese Vaterschaft eher Derain zuschreiben, der, noch sehr jung, das erste Bild ausstellte, das Vauxcelles so taufte.

Aber Matisse wurde unbestreitbar das Haupt dieser Schule.

Picasso und Matisse, die ziemlich befreundet waren, stießen zusammen bei der Geburt des Kubismus, der es fertig brachte, Matisse um seine gewohnte Ruhe zu bringen. Er wurde böse. Er sprach davon, Picasso zu ‚erledigen', ihn an den Bettelstab zu bringen, was ihn nicht hinderte, einige Monate später, als die neue Entwicklung des spanischen Malers sich bekräftigte, eine Verwandtschaft zwischen ihren künstlerischen Auffassungen finden zu wollen.

Die großen Künstler haben das Bedürfnis, sich gegenseitig zu stützen.

Der Maler Manguin war klein, braun, bürgerlich aussehend, etwas jünger als Matisse. Er war das Haupt einer schon zahlreichen Familie und erweckte den gleichen Eindruck wie seine Bilder. Gewöhnlich, korrekt, ruhig, ohne große Spannweite, aber ehrlich, gewissenhaft, in seiner Kunst wie in seinem Leben.

Ich kann nicht von allen sprechen, die zu Steins kamen. Ich erwähne aufs Geratewohl Pierre Rocher, Max Jacob, Apollinaire, Rouault, den Bildhauer Nadelman und andere. Man verbrachte hier mehr oder weniger fröhliche, aber immer interessante Abende, dank der Fülle von Kunstwerken, die das Atelier barg.

Die Steins besassen eine sehr bedeutende Kollektion chinesischer und japanischer Stiche von größter Schönheit. Wenn man sich langweilte, zog man sich in eine Ecke zurück, und in einem bequemen Fauteuil sitzend verlor man sich in die Betrachtung dieser Meisterwerke.

Rousseau und Picasso

Deutsche, Ungaren, Russen lebten damals in Paris, die mit leidenschaftlichem Interesse an der künstlerischen Entwicklung teilnahmen, kopierten, imitierten, vieles falsch verstanden, weil sie zu brutal, zu schwerfällig waren. Aber sie wollten an dem Kampf beteiligt sein.

Ihre Beharrlichkeit leistete viel für den Kubismus und auch für Picasso, der geistig über sie herrschte.

Picasso genoß damals eine Art schlechten Ruhms, der ihn dennoch freute. Glücklicherweise gingen ihm seine Arbeit, seine Studien über alles andere. Er fuhr fort zu arbeiten, ohne sich um die Ratschläge der Kunsthändler zu kümmern, die immer Angst hatten, wenn er seine Malweise änderte.

Der Futurismus trat ebenfalls in Erscheinung und wurde auf den Kubismus gepfropft.

Der Maler Delaunay, der Kubist geworden war, malte taumelnde Eiffeltürme und gab zweifellos dem Futurismus den Aufschwung. Ebenso wie Uhde, dessen geschiedene Frau er später heiratete, erwarb er eine große Zahl von Bildern Rousseaus, die er zu lächerlichen Preisen kaufte.

Armer, wackerer Zöllner, den man so leicht ‚einfing', sowohl wegen seiner Naivität wie wegen seiner kindlichen Eitelkeit! Er war nicht verwundert über die Bedeutung, die man ihm plötzlich zumaß. Er war so aufrichtig. Er fand es wunderbar, für dreißig oder fünfzig Franken ein Bild zu verkaufen, das er ruhig malte wie ein Kind. Alle Krämer seines Quartiers hatten sich von Rousseau ‚photographieren' lassen; die Bilder wurden mit Waren bezahlt.

Naiv, gut und schwach, ließ er sich in die zweifelhaftesten Machenschaften verwickeln, um andern dienstbar zu sein. Eine davon hätte ihn beinahe vor das Strafgericht gebracht. Ich sah ihn zu jener Zeit.

Drei Zeichnungen von Fernande Olivier:
Selbstbildnis (oben links),
Porträts von Picasso und Marie Laurencin

Frédé und Fernande vor dem ‚Lapin à Gill'

(linke Seite) Fernande Olivier im Garten des ‚Lapin à Gill'
(rechts) Die Malerin Marie Laurencin um 1910

Der rauchige Saal des ‚Lapin à Gill' zur Zeit, da Picasso und seine Freunde das Cabaret häufig aufsuchten

Frédé, der Patron des ‚Lapin à Gill', und sein Esel Lolo, bei den Künstlern bekannter unter dem Namen Boronali

(rechts) Der Schriftsteller Francis Carco. 1910

Er verstand nicht, was mit ihm vorging. Er war zum Spielball schlechter Menschen geworden.

Er war zweimal verheiratet und behielt seine Gattinnen in zärtlicher Erinnerung. Zu Ehren der einen malte er sogar ein Bild, das um 1910 bei den *Indépendants* ausgestellt wurde. In einem Garten halten sich ein Mann und eine Frau bei der Hand. Im Himmel, über ihren Köpfen sieht man, glücklich lächelnd, mit kleinen Flügeln verziert, die verstorbenen Gatten, die die irdischen beschützen.

Warum hat er keine Kinderbücher illustriert? Er hätte die Kinder so gut verstanden!

Ich erinnere mich an seine Porträts von Guillaume Apollinaire und Marie Laurencin, beide auf einem Bilde vereinigt. Apollinaire schmächtig und zart, wie er es nie war, Marie Laurencin schwer und fett, wie sie es noch nicht geworden ist.

Ich fand ihn eines Tages sehr ärgerlich, weil er dieses Bild nicht vollenden konnte. Er hatte sich in den Kopf gesetzt, unten auf das Bild eine Reihe Blumen zu malen. Aber als Symbol für Apollinaire wollte er unbedingt die ‚Nelken des Dichters'. Es war nicht die Jahreszeit dieser Blumen; er mußte sechs Monate warten, bis er das Bild beendigen konnte.

Ich erinnere mich noch, wie er eines Tages am Schluß des Mittagessen zu uns kam. Er war unglücklich. Er vertraute mir seine Sorgen an, während er gleichzeitig Nonnenkräpfchen aß, deren Zucker er über sich verstreute. Bald war er ganz davon übersät, und meine Hündin leckte sorgfältig seine Hosen und seinen Rock sauber, während er, ohne sich zu bewegen, mit Tränen in den Augen ihr zuschaute und dabei seine Klagen fortsetzte.

Es war unrichtig, Rousseau künstlerische Ideen zuschreiben zu wollen, die er nie gehabt hat. Er hatte keine Ideen. Ich habe ihn gut gekannt. Er malte einfach, ehrlich, was er sah. Ich glaube nicht, daß er einen Unterschied machte zwischen seinen Bildern und den Photographien, die er kopierte.

Er schaute mit seinen Kinderaugen, unterstützt von seinem Kindergehirn. Naiv und sensibel, war er wunderbar begabt für die Malerei. Er hatte das natürliche Talent des *peintre primitif*.

Ich glaube nicht daß ich ihm unrecht tue, wenn ich sage, daß er nicht intelligent war. Er hatte wohl etwas Besseres: eine einzigartige Gabe, eine Art Genie. Er sagte zu Picasso: «Wir sind die zwei größten Maler der Epoche, du im ‚ägyptischen' Genre und ich im modernen Genre.»

Ich wiederhole es, allzu viel Intelligenz ist für die Malerei nicht nötig. Sind nicht viele Maler gerade dadurch dunkel und verworren, weil sie zu viel Tiefe in die Werke hineinlegen wollen?

Picasso wurde immer mehr umschmeichelt, von Bewunderern – interessierten und andern – umgeben. Er wurde ihrer rasch müde. Obgleich er die Komplimente liebte, war er doch von Natur aus ein Feind großer Kundgebungen. Eines Abends war er im *Lapin à Gill* gefeiert und von einer Gruppe Deutscher im Triumph davongetragen worden. Da erfasste ihn der Wunsch, allein zu sein. Es war auf der *Butte*, auf der *Place du Tertre*. Plötzlich zog er seinen Revolver, den er immer bei sich hatte, und feuerte einen Schuß in die Luft. Augenblicklich war der Platz völlig ausgestorben. Die Deutschen waren verschwunden, auseinandergestoben und kamen nicht so bald wieder.

Picasso in Spanien

Das Atelier Picassos wurde mehr und mehr von Fremden aufgesucht, die neugierig oder von der neuen Malerei begeistert waren, deren Begründer er war, zusammen mit Matisse – jeder auf seine Weise.

Er reiste jedes Jahr für einige Monate nach Spanien und kam mit frischer Tatkraft von dort zurück, mit Studien neuen Ausdrucks, die allerdings von jenen schon vorausgeahnt wurden, die aus der Nähe seine Entwicklung verfolgten.

Zu jener Zeit hatte er die Atmosphäre seiner Heimat nötig; sie inspirierte ihn ganz besonders.

Studien, die er in Spanien gemacht hatte, strömten eine stärkere Ergriffenheit und Empfindsamkeit aus. Die technische Seite, die bei ihm überrascht und Anstoß erregt und oft das Urteil schwankend macht, trat zurück und ging in einem tieferen, feineren Gefühl auf. Ich habe nie einen Fremden gekannt, der sich weniger geeignet hätte für das Leben in Paris. Er schien sich hier nicht wohl zu fühlen, war bedrückt, beengt in seiner Atmosphäre, die nicht die seine sein konnte.

Henri Matisse: Selbstbildnis. Federzeichnung. 1909

Ich habe ihn in Spanien gesehen, so anders als er sonst war, oder vielmehr so anders als der Pariser Picasso: fröhlich, weniger menschenscheu, strahlender, lebhaft und sich sicher und ruhig für die Dinge interessierend – es war ihm einfach wohl. Es ging von ihm ein glückhaftes Strahlen aus, im Gegensatz zu seiner Haltung und seinem Charakter, wie man sie sonst an ihm kannte.

In Spanien blieb er nie lange in einer Stadt. Er verbrachte einige Tage in Barcelona bei seinen Verwandten, dann ging er hinaus aufs Land. Er lebte in einem einsamen Winkel von Aragonien, Katalonien, Valencia oder anderswo.

Sobald er dort angekommen war, suchte er einen Ort, ein Zimmer oder ein Haus, wo er ungestört arbeiten konnte, völlig frei, den ganzen Tag. Er liebte die Gesellschaft der Bauern, und sie liebten ihn auch. Er fühlte sich frei, trank mit ihnen, nahm an ihren Spielen teil. Dort, in diesen wilden, grandiosen, wüstenartigen Landschaften, in diesen Bergen mit den von Zypressen umsäumten Wegen fühlte er sich nicht wie in Paris als abseits, außerhalb der Gesellschaft stehend.

Ich habe Picasso unter den Parisern immer als fehl am Platz empfunden. Der französischen Landschaft, von der er etwas geringschätzig sagte, sie rieche nach Champignons, zog er die etwas bitteren, aber warmen Gerüche von Rosmarin, Thymian und Zypressen vor.

In einem katalonischen Dorf oberhalb des Tales von Andorra, in *Gozols*, lebte er mehrere Monate, arbeitete regelmäßig und fühlte sich wohl. Mit Vergnügen ging er auf die Jagd oder kletterte sonst in den Bergen herum, hoch über den Wolken, die das Tal bedeckten.

Was für ein verändertes Wesen, und wie liebenswürdig wurde er dann in diesem Dorf, das von Schmugglern wimmelte, deren langen Geschichten er zuhörte. Aufmerksam wie ein Kind, amüsierte er sich.

Ein neunzigjähriger Mann, ein früherer Schmuggler, wollte ihn unbedingt nach Paris begleiten. Ein menschenscheuer Greis von seltsamer, wilder Schönheit, hatte er trotz seines Alters noch seine Haare und auch seine Zähne, die abgenützt, aber ganz weiß waren. Allen gegenüber war er böse und zänkisch, nur bei Picasso, der von ihm eine sehr ähnliche Zeichnung gemacht hat, fand er seine gute Laune wieder.

Die nervöse Angst vor Krankheiten vertrieb übrigens Picasso von dort. Da das Töchterchen des Wirts an Typhus erkrankt war, wollte er sofort abreisen.

Diese Berggegend war nur auf dem Rücken des Maulesels erreichbar. Picasso wollte direkt nach Frankreich zurückkehren. Dafür mußte man die Pyrenäen überqueren. Ich erinnere mich, daß wir *Gozols* um fünf Uhr morgens verließen und um fünf Uhr abends in einem Dorf ankamen, von dem aus eine Postkutsche fuhr.

Um noch einmal auf die Stimmung Picassos zu kommen: sobald er in seine Heimat und besonders aufs Land zurückkehrte, durchströmte ihn dessen Ruhe und Heiterkeit. Das machte seine Werke leichter, luftiger, weniger gequält. Ich will nicht sagen, daß das Leben von Paris ihm nicht auch gedient habe; das wäre ungerecht. Aber abgesehen vom

Künstler, glaube ich, daß der Mensch Picasso glücklicher gewesen wäre, wenn er ganz in Spanien gelebt hätte.

Sein Instinkt trieb ihn zu allem Gequälten.

Geburt des Kubismus

Es war in Aragonien, in Horta, einem kleinen Dorf bei Saragossa, wo Picassos kubistische Formel sich endgültig bildete, oder vielmehr nach seiner Rückkehr von dieser Reise.

Er brachte von dort Bilder mit, von denen die zwei besten durch Steins erworben wurden. Landschaften mit geometrischer Zeichnung. Auf einer davon belebten Palmen in einem derben Grün das Bild, das mit Erdfarben gemalt war.

Ein neuer deutsch-jüdischer Kunsthändler hatte sich einige Zeit zuvor in Paris an der *Rue Vignon* niedergelassen: Kahnweiler. Ganz jung, sehr nach deutscher Methode arbeitend, intelligent, hartnäckig, schlau, aber immerhin weniger als Vollard. Er wollte Bilder von Picasso, Matisse, Van Dongen, Derain, Vlaminck, und er bekam sie.

Er besuchte die jungen Künstler fleißig und zog sie zu sich. Der richtige jüdische Händler, der etwas wagte, um zu gewinnen. Kühn, aktiv, marktete er stundenlang und ermüdete den Maler so lange, bis ihm dieser erschöpft die verlangte Preisreduktion gewährte.

In seiner kleinen Gemäldegalerie, die ganz in grauem Samt und ungebleichter Leinwand gehalten war, sammelten sich nach und nach die modernsten Werke an. Später schloß er einen Kontrakt mit Manolo, der ihm von Céret, wo er sich niedergelassen hatte, seine ganze Produktion schickte.

Die Kunstliebhaber begannen ebenfalls den Weg an die *Rue Vignon* kennen zu lernen. Man ging dorthin, wenn man sich über die neuen Richtungen auf dem laufenden halten wollte.

Es ist nicht zu leugnen, daß die fortschrittlichsten Künstler es besonders den Deutschen verdankten, daß sie schon so früh und so jung bekannt wurden. Russen und Italiener folgten und begriffen rasch.

In dieser Zeit wurde Picasso von zwei jungen Malern, die in seinem Alter standen, regelmäßig besucht. Der eine, von dem man zu sprechen begann, war Derain, der andere, fast unbekannt, Braque.

Derain setzte seinen Weg ohne Abzweigung fort. Er ließ sich nicht von Picasso beeinflussen. Er beeinflußte seinerseits andere Künstler.

Braque hingegen verließ seine Gruppe, das heißt die Impressionisten von damals, wie Friesz, Marquet, Dufy, Camoin und so weiter. Jene folgten noch dem Weg der großen Impressionisten vom Ende des 19. Jahrhunderts.

Es geschah nicht ohne inneren Widerstand, daß der mißtrauische Normanne Braque zum Kubismus gelangte. In einer Diskussion bei Picasso, der an diesem Tag seine Gründe sehr vernünftig und klar darlegte, wollte Braque sich nicht überzeugen lassen.

«Aber trotz deiner Erklärungen», sagte er abschließend, «ist deine Malerei, wie wenn du uns Werg essen oder Petroleum trinken lassen wolltest.»

Was ging in seinem Geiste vor nach diesem Bekenntnis? Wieso glaubte er plötzlich an die Zukunft des Kubismus? Ich weiß es nicht.

Aber einige Zeit später stellte er bei den *Indépendants* ein großes Bild in kubistischer Komposition aus, das er wohl heimlich gemalt hatte. Er hatte mit niemandem davon gesprochen, nicht einmal mit seinem Inspirator Picasso.

Hoffte er die Früchte dieser neuen Formel zu ernten? Er konnte es wohl versuchen, denn Picasso selber stellte nie aus.

Picasso, der kaum seinen intimen Freunden seine neue Malweise enthüllt hatte, war etwas unwillig.

Trotzdem hat sich Braque nie als Chef einer neuen Schule ausgegeben. Er ist ein Künstler, der seinen Charme mit einer Intelligenz verbindet, die sich leicht anpaßt.

Wenn ich diese neue Entwicklung Kubismus nenne, welcher Name von Vauxcelles stammt, muß ich noch festhalten, daß Vauxcelles später zornig erklärte, daß diese Künstler nur ‚patagonische Kubisten' seien.

Drei Jugendfreunde

Dufy sah sehr jung aus wie heute noch, mit blonden, gekräuselten Haaren, fein, schwebend und liebenswürdig wie seine Malereien. Er hatte noch nicht die Kühnheit, die er später zeigte. Seine leichten, luftigen Werke, ohne Kraft, aber sehr reizvoll, schienen ihn für einen zweitrangigen Platz zu bestimmen. Aber seine Intelligenz hat ihm mehr geholfen, als große Begabung es hätte tun können.

Friesz war im Gegensatz dazu kraftvoller, mit natürlichen Gaben und schon anerkannt, selbstsicher und kühn; er hat die Hoffnungen erfüllt, die man auf ihn setzte.

Dufy, Braque und Friesz! Drei Normannen, der erste von *Honfleur*, wenn ich mich recht erinnere, die andern beide von *Le Havre*. Braque, der so viel ich weiß, in *Argenteuil* geboren wurde, verbrachte wirklich seine Jugend in *Le Havre*.

Drei kluge, ehrgeizige, intelligente, schlaue Normannen, denen vor allem andern die Eigenschaften ihres Menschenschlages geholfen haben. Drei Freunde, die gegenseitig mißtrauisch und gewiß auch neidisch waren.

Grimmige, wütende, ungerechte Kritiken begleiteten die Geburt des Kubismus. Welche Lawine von Bezeichnungen rief diese neue Kunstform hervor, die vielleicht gar nicht so viel Aufhebens verdiente. Die Franzosen brauchen lange, bis sie etwas anerkennen, das sie nicht ohne weiteres verstehen. Erst der Erfolg macht sie dann sehr duldsam. Aber warum einen solchen Zorn gegen etwas, das man nicht anerkennen kann?

Ich erinnere mich an die Ausstellungen von damals und an das Gelächter, das durch die neuartigen Bilder hervorgerufen wurde. Man weiß jedoch aus Erfahrung, daß die Zeit, die Gewohnheit, die Erziehung des Auges bei der Malerei die besten Lehrmeister sind.

Die Gewohnheit lehrt, zuerst mit mehr Nachsicht, dann mit Interesse und schließlich – viel später – mit Verständnis das zu betrachten, was man verunglimpft hatte.

Ich will hier nicht den Kubismus verteidigen, den ich weder erklären noch einfach bewundern kann.

Er interessiert mich und ist mir sympathisch, weil ich seine Entstehung miterlebt und seine allmähliche Ausarbeitung verfolgt habe.

Bei Azon

Nach Vernin, dem Wirt an der *Rue Cavallotti*, der Max Jacob zu folgendem Vierzeiler inspiriert hatte:

Ça m'ennuie d'aller chez Vernin
Mais il faut y aller quand même,
Parce qu'on y prend des verres nains
Et des fromages à la crè-è-me!

der nach einer damals populären Melodie gesungen wurde, kam die Zeit des Restaurant *Azon* an der *Rue Ravignan*, gegenüber dem Hause, in dem Max Jacob wohnte.

Max Jacob: Erinnerungen an Guillaume Apollinaire

Wie Sie sich denken können, ging man dorthin mehr wegen des Kredits als wegen der Küche.

Picasso, Max Jacob, Apollinaire gingen eine Zeitlang regelmäßig hin, und ziemlich oft sah man Derain, Braque, Vlaminck, Van Dongen, Gaston Modot, Olin und Dullin. Paul Fort besuchte uns dort bisweilen.

Ich sah dort auch Modigliani, jung, kräftig, dessen schöner römischer Kopf mit seinen Zügen von erstaunlicher Reinheit sich einprägte. Er wohnte damals auf *Montmartre* in einem der Ateliers neben dem alten, trübseligen *Reservoir* der *Butte*.

Bei Azon habe ich Vanderpyl gesehen, dessen joviale Ungezwungenheit bald ermüdete, ferner René Dupuis (René Dalize), Journalist, ehemaliger Marineoffizier, der im Krieg umgekommen ist, und auch Basler, der damals wenig geschätzt wurde. Er war ein kleiner Mann, schon ziemlich dick, mit weichen feuchten Händen, mit dem ehrbaren Aussehen eines devoten Kirchendieners, zurückhaltend, außer mit seinen Komplimenten, die er nicht genügend sparte, ein liebenswürdiger Schmeichler, intelligent; er schien dazu da, zu sehen, zu hören, zu behalten und vor allem zu profitieren.

Immer auf der Suche nach einem *bédit gafé grème* in Ermangelung von etwas anderem, hat er in diesem Kreise ausgeschöpft, was ihm zu schöpfen nützlich war, und er hat zu profitieren verstanden mit einer Geschicklichkeit, die man ihm nicht abstreiten kann. Durch diesen Kreis von Künstlern und dank einer bemerkenswerten Zähigkeit ist er der Herr geworden, den er heute vorstellt.

Vlaminck nimmt eine Boxstunde

Derain, Vlaminck und Braque bildeten ein erstaunliches und vor allem ein wichtiges Trio. Bei ihrem Anblick drehten sich die Leute auf der Straße um. Alle drei sehr groß, mit breiten Schultern, stellten sie einen seltenen Inbegriff von physischer Kraft dar.

Derain war der größte. Schlank, elegant, mit frischer Gesichtsfarbe und schwarzen, glatten Haaren, von englischer, etwas auffälliger Eleganz. Phantasieweste, die Krawatten naturfarben, grün oder rot. Immer die Pfeife im Mund, phlegmatisch, spöttisch, kühl, ein Räsonnierer.

Braque weniger groß, mit dem mächtigen Kopf eines weißen Negers, mit den Schultern und dem Hals eines Boxers, die Haut sehr braun, schwarze, krause Haare, glattrasiert. Er war schwerer. Er hatte einen – oft gewollten – Ausdruck von Brutalität, von Grobheit in seiner Stimme, in seinen Bewegungen. Ohne Eleganz, aber bequem gekleidet in weiten Konfektionsanzügen. Als Krawatten trug er schwarze Schnürchen mit lockeren Knoten, wie man sie bei den normannischen Bauern sieht. Er war etwas nachlässig oder gab sich wenigstens den Anschein. Er hatte sehr ausgeprägte Züge und war, wie ich schon sagte, von subtiler Intelligenz, sehr anpassungsfähig, mißtrauisch, gewandt, listig, mit einem Wort der richtige Normanne.

Vlaminck war schwerfälliger, mehr einfach sich selbst. Massiv, die Haare blond, fast rötlich, mit ziemlich brutalem Ausdruck, starrköpfig, mit dem Aussehen eines Menschen, der weiß, wohin er will. Er hatte blaue Augen, die bisweilen naiv, oft erstaunt blickten.

Er war seiner selbst sicher und schien höchst erstaunt, wenn man ihm am Ende einer Diskussion bewies, daß er sich getäuscht hatte. Als ehemaliger Radrennfahrer war er sehr stark und betrachtete sich als von Natur aus unbesieglich. Wenn er kein Geld hatte und bei Nacht zu Fuß nach *Chatou* zurückkehren mußte, habe er, wie er erzählte, sich mehrmals gegen Angreifer verteidigen müßen und habe sich durch seine bloße Körperkraft immer glücklich aus der Sache gezogen.

Er leugnete den Wert der Geschicklichkeit des Boxens gegenüber der rohen Kraft bis zu dem Tag, da Derain und Braque, die ziemlich regelmäßig boxten, ihm beide nacheinander eine ernsthafte Niederlage beibrachten. Sie trafen ihn, als er das Atelier von Derain verließ mit einer Nase wie eine Kartoffel, in kläglichem Zustand, aber vollkommen überzeugt.

Picasso fand das Boxen interessant. Er liebte die Boxkämpfe und verfolgte sie eifrig. Er hätte gerne boxen wollen. Aber er verabscheute es, Schläge zu bekommen oder gar solche auszuteilen. Ich glaube, er nahm bei Derain eine einzige Stunde. Sie genügte ihm für sein ganzes Leben.

Oft gingen alle vier miteinander aus. Picasso schien ganz klein neben den andern. Aber da er stämmig war, hatte man bei ihm doch den – übrigens wenig berechtigten – Eindruck von körperlicher Kraft. Picasso war stolz, dank seiner Begleiter für einen Boxer gehalten zu werden.

Wenn Picasso immer den Ruhm gesucht hat, so wünschte er ihn eigentlich auf einem andern Gebiet, als wo er ihm zufiel. Hat doch Max Jacob einmal von Picasso gesagt, er hätte den Ruhm eines Don Juan dem eines Künstlers vorgezogen. Er liebte die Aufmerksamkeit der Frauen und zeigte sich davon sehr geschmeichelt, welcher Art diese Frauen auch waren und woher sie kamen. Diese Aufmerksamkeit genügte ihm übrigens oft, denn seine natürliche Trägheit und seine Angst vor Komplikationen veranlassten ihn oft, seine Abenteuer abzukürzen.

André Derain

Derain wohnte in einem merkwürdigen Künstlerquartier, *Les Fusains* auf *Montmartre* an der *Rue de Tourlaque*, wo er sein Atelier hatte. Er arbeitete viel, sein Talent entwickelte sich mehr und mehr. Seine großzügige Malweise, seine schönen Farben, seine glücklichen Kompositionen, sein unbeschwertes Arbeiten machten ihn zu einem kraftvolleren Künstler, als er es heute ist.

Trotz der materiellen Schwierigkeiten – seine Eltern hatten eine Milchhandlung in *Vésinet* und verweigerten ihrem Künstler-Sohn jede Unterstützung – blieb er seiner Berufung treu, die ihn weit führte.

Ich habe Derains Kunst immer am meisten geliebt. Seine gesunde, kräftige Arbeitsweise fand nicht so leicht ihresgleichen. Die Wissenschaftlichkeit Picassos, seine Tiefe, sein ständiges Suchen, ‚immer weiter', haben ihn zweifellos vor die andern gestellt. Aber Derain, das war etwas anderes. Er war französischer, seiner selbst sicherer, und, um den allerersten Platz einzunehmen, fehlte ihm nur jene etwas mysteriöse Seite, die man bei Picasso und bisweilen bei Matisse findet.

Vlaminck war damals einfach ein guter impressionistischer Maler. Er hatte viel Sinn für die Komposition, für das Handwerkliche; aber ein gewisser Mangel an Geschmack, an Eleganz und Geist, an Differenziertheit in den Farben machten ihn etwas gewöhnlich. Er war ein begabter Maler, dem seine Fähigkeiten viel halfen, über dessen Qualität man aber verschiedener Meinung sein konnte. Ich finde, er ist sich seither gleich geblieben.

Braque war etwas jünger, wie ich schon gesagt habe. Er sonderte sich ab und trat dank des Kubismus rascher aus der Masse heraus. Er war weniger wirklich begabt als die andern, aber geistreicher und vielleicht wegen seiner bescheideneren Fähigkeiten ein umso größerer Sucher.

Matisse, älter, damals nach Jahren des Elends fast arriviert, war der

Weiseste, wenn er sich auch kühn gebärdete. Er führte ein ruhigeres, zurückgezogeneres Leben in seiner Familie, und man sah ihn nicht mehr so oft.

Die Malerei Marie Laurencins

Man kannte noch nichts von Marie Laurencin.

Der Einfluß Apollinaires und des Milieus, in das er sie warf, taten mehr für sie als die literarischen Einflüsse, unter denen sie schon stand.

Ich habe schon gesagt, daß sie Kurse besucht hatte, zuerst solche für junge Damen, dann an der *Académie Humbert* am *Boulevard de Clichy*. Braque arbeitete dort zur gleichen Zeit wie sie, und er erzählte uns von den Streichen, die die Schüler ihr spielten.

Es besteht kein Zweifel, daß Marie ohne Apollinaire einen etwas verfehlten Weg gemacht hätte, etwa wie Madeleine Lemaire oder Louise Abbéma. Sie verdankt es besonders Apollinaire und ein wenig auch den Andern, daß sie sich zu sich selber gefunden hat. Sie begriff rasch den Vorteil, den sie aus einer so einzigartigen und wertvollen Umgebung ziehen konnte. Da auch ihr Temperament und ihr Instinkt sie zur Originalität trieben, war es bald so weit.

Sie hatte schon früher aus der persischen Kunst geschöpft. Später fand sie wirklich ihren Weg, indem sie das *Journal des demoiselles* ausgrub, eine alte Publikation, deren reizvolle Gravüren in rosa, grau und weiß für sie zu einer Offenbarung wurden.

Habe ich doch eines Tages bei ihr zu Hause ein kleines Bild in einem Medaillon für ein Original von Marie Laurencin gehalten, während sie es aus diesem *Journal* ausgeschnitten hatte. Sie entwickelte sich aber nicht, vielleicht in Ermangelung einer tieferen Begabung. Die List, verbunden mit einer, wie ich glaube, gekünstelten Naivität ergibt eine der seltsamen Wirkungen ihrer Kompositionen.

Unterstützt durch ihren eigenartigen Reiz, der aus einem merkwürdig linkischen, kindischen Benehmen bestand, dem ein wahres Naturell fehlte, wußte sie sich so gut in ihrem Werk einzurichten und in ihrer Arbeit zu verharren, daß sie den Platz in der Kunst erreichte, der ihr beschieden war.

Im Anfang wurde sie weder von den Händlern, noch von den Kunstfreunden, noch von den Kameraden ernst genommen.

Es war bloß aus Spaß, daß die Steins, durch Picasso ermuntert, ihr ein erstes Bild abkauften: eine ziemlich große Komposition, eine Gruppe von Künstlern, mit denen sie verkehrte.

Ein Duell

Als Picasso – ich glaube, es war im Jahre 1907 – einige Monate in Spanien verbracht hatte, kehrte er mit Freude in sein Atelier und zu seinen Getreuen zurück.

Apollinaire, der in den literarischen Kreisen Geltung gewann, befaßte sich mit Journalismus, mit Kunstkritik. Er arbeitete an der *Phalange* mit, die von Royère redigiert wurde, und bei den *Marges* mit Montfort zusammen.

Ich erinnere mich, wie eines Nachts bei der Heimkehr von einer *Soirée* bei der *Phalange* Picasso und Apollinaire vom Verdeck des Omnibus aus den Passanten Exemplare dieser Zeitschrift zuwarfen, die sie bei sich hatten. Sie hatten etwas über das Maß getrunken und amüsierten sich köstlich über diesen Einfall.

Man sah Apollinaire alltäglich vielbeschäftigt, mit einem Paket Zeitschriften oder Bücher unter dem Arm, immer zwischen zwei Konferenzen, zwei *Matinéen*, zwei Artikeln, zwei Banketten.

Er war der Vertraute von Jean de Mitty vom *Cri de Paris* und war auf dem Laufenden über allen Pariser Klatsch. Mit seinem Freund *La Jeunesse*, der ihn sehr liebte, konnte man ihn abends gegen fünf Uhr im *Napolitain* sehen, bei endlosen Diskussionen. Und bei ihnen auch Ricciotto Canudo, der wie ein Magier vom Theater aussah mit dem großen Bart, den er damals trug und der die Regelmäßigkeit seiner Gesichtszüge zur Geltung kommen ließ. Apollinaire liebte Bonnefont, den er ernst nahm oder ernst zu nehmen schien; er bewunderte Rémy de Gourmont, dessen Einsiedlerleben er mit seinen Einfällen erheiterte. Apollinaire wurde wie ein Kind geliebt von Élémir Bourges, den man bisweilen an der *Rue Gros* traf.

Apollinaire schleppte Picasso, Max Jacob und andere mit zu Gesellschaften, bei denen all diese Leute sich einfanden und jeder dem andern schnell im Vorbeigehen vorgestellt wurde; man unterhielt sich auch freundschaftlich mit Paul-Napoléon Reinard, dessen Name keinen geringen Erfolg hatte.

Zwischen zwei Türen, zwei Aperitifs, zwei Stunden der Lektüre fand Apollinaire immer Gelegenheit, uns neue Bekannte vorzustellen. Er war ein sehr beschäftigter Mann, und er machte sich wie ein Kind über sich selber lustig, war aber auch ein wenig stolz auf seinen jungen Ruhm und auf all seine glänzenden Beziehungen.

Eines Tages kam er zu Picasso mit einer Falte auf der Stirn, die man wohl an ihm kannte. Eine Falte der Unzufriedenheit. Er war ernst an diesem Tag, feierlich, sorgenvoll, ganz gegen seine Gewohnheit. Er kam, um seine Freunde Picasso und Max Jacob zu bitten, ihn bei einer traurigen Angelegenheit zu unterstützen.

Er mußte sich duellieren. Max Jacob sollte neben Jean de Mitty der zweite Sekundant sein. Apollinaire wollte Max Daireaux strafen, von dem er sich als beleidigt betrachtete. Während eines Banketts hatte sich nämlich dieser Journalist erlaubt, ein *Apollinaris* zu verlangen, wobei er Guillaume ostentativ fixierte und einen ironischen Ton anschlug, der, wie Guillaume meinte, eine Strafe verdiene.

Apollinaires Verwegenheit war nur ganz äußerlich. Aber er war von seiner Wichtigkeit aufgebläht, und dies überdeckte das andere. Max Jacob sah hier ein gefundenes Essen für seine immer wache Phantasie; aber er hatte selber auch ein wenig Angst. Er willigte ein, als Sekundant die nötigen Maßnahmen zu treffen. Picasso faßte die Sache so auf, wie sie es verdiente, nämlich als Aufschneiderei. Jean de Mitty, ein bekannter Raufbold, übernahm die ganze Verantwortung für die Maßnahmen, in der Hoffnung, die Sache komme nicht zustande.

Es war aber nicht dank ihm, daß das Duell nicht stattfand, sondern wegen der beiden Gegner, die sich beide nicht zu schlagen wünschten. Alles wurde freundschaftlich erledigt. Nur die Spesenrechnung des zweiten Zeugen Max erregte zuerst den Zorn Apollinaires. Aber schließlich lachte er darüber.

Hier ein Auszug aus diesen Spesen:

 1. Tag: 9 Uhr: ein kleiner Kaffee für den 2. Zeugen 0,10

10 Uhr: eine Schachtel Zündhölzer für den 2. Zeugen, der sie zu Hause vergessen 0,10

11 Uhr: ein Brötchen für den Zeugen, dessen Mittagessen verspätet sein wird 0,05

12 Uhr: eine Zeitung für den Zeugen, der wartet und sich langweilt 0,05

5 Uhr: der 2. Zeuge offeriert dem 1. Zeugen einen Aperitif . . 1.20

2. Tag: Unter anderem offeriert der Zeuge dem ‚Feind', um ihn zu besänftigen, einen Aperitif, und so weiter, und so weiter.

So gab es zwei lange Rechnungen, deren Höhe, wenn auch recht bescheiden, Guillaume zum Nachdenken führten über die finanziellen Folgen, die ein weiteres Duell haben könnte.

Er hatte nie mehr eines.

Aber während der Versöhnungsverhandlungen wartete Apollinaire bei Picasso ziemlich angstvoll das Resultat ab, das schließlich in gegenseitigen Entschuldigungen bestand.

Apollinaire nahm nach und nach die Gewohnheit an, mindestens eine Mahlzeit im Tag bei Picasso einzunehmen, der jetzt zuhause aß.

Max Jacob, der sehr arm, aber immer zurückhaltend war, erschien nur zu den Mahlzeiten, wenn man ihn einlud. Er führte schon damals ein sehr zurückgezogenes und einsames Leben. In seinem dunklen, geheimnisvollen Zimmerchen an der *Rue Ravignan* eingeschlossen, lebte er in einem völlig künstlichen Glück.

Das hinderte ihn nicht, zu arbeiten, im Gegenteil.

Der Äther, die Drogen, alle diese Jugendirrtümer, haben sie ihn nicht doch inspiriert? Haben sie ihn nicht auf einen gewundenen Weg geführt, wo seine besondere Sensibilität, ein Hauptreiz seiner Persönlichkeit, sich frei entfalten konnte?

Ein wenig Unentschlossenheit, Schüchternheit, verbunden mit einer künstlerischen Unsicherheit machten ihn zu einer seltsamen Erscheinung im modernen Chaos. Wenn er uns seine Essays vorlas, waren wir entzückt und überrascht von dem reichen Schwung, den seine Phantasie hervorbrachte.

Er fing an, zarte, geistvolle Aquarelle zu malen, für welche er höchst ausgeklügelt alle möglichen Hilfsmittel gebrauchte, die in seiner Reichweite waren. Vom Ruß der rauchenden Petrollampe nahm er mit der Fingerspitze ein wenig von dem angedunkelten Lampenglas; auch der sirupartige Rest in der Kaffeetasse, der Staub auf einem liegengebliebenen Buch wurden zum Malen verwendet.

Wie amüsant war Max! Man konnte nicht lange ohne ihn sein. Und wenn er ein wenig Geld bekommen hatte, rückte er immer mit Blumen oder Süßigkeiten an.

Paul Poiret und die reine Kunst

Salmon, der beim *Paris-Journal* war, gab zu jener Zeit seinen ersten Band Gedichte heraus. Er besuchte Picasso ebenfalls fast täglich.

Dullin, von seinem Freund Jeannot begleitet, klopfte jeden Tag gegen fünf oder sechs Uhr an die Türe. Er klopfte und kündigte sich so an: «Jeannot, Dullin.»

Jeannot war mit Briand eng befreundet und bewunderte ihn sehr. Er erzählte uns von ihm, weckte unsere Neugier durch tausend Einzelheiten aus dem Privatleben des großen Politikers, Dinge, die ich leider vergessen habe.

Die Gestalt Dullins war unverwechselbar und doch bescheiden. Große Nase, forschende Augen, großer Hut, trauriger Gesichtsausdruck, schwarze, in die Stirn gezogene Haare, sehr schweigsam. Er schien zu beobachten, zu urteilen; aber er behielt seine Urteile für sich und wartete ...

Ein anderer Schauspieler kam ziemlich oft: Harry Baur. Im Gegensatz zu Dullin war er laut, übermütig, selbstsicher. Picasso hatte ihm den Übernamen ‚El Cabo' gegeben, und so kündigte er sich immer an, indem er an die Türe klopfte und schrie: «El Cabo! El Cabo! Öffnet, ich bin es!»

Er machte auch literarische Versuche, und wir mußten die Vorlesung eben so langer wie inhaltsloser und langweiliger Essays über uns ergehen lassen, wobei wir uns verzweifelte Blicke zuwarfen.

Ein anderer Freund, Princet, der Mathematiker der ‚Bande', kam auch jeden Tag.

 Dann erschien ein junger Mann, ein *Bourgeois*, reich, sehr elegant,

Fernande, Picasso und der katalanische Schriftsteller Ramon Reventos im Atelier von J. Vidal i Ventosa in Barcelona. 1906

Picasso: Brief an Leo Stein. Der Absender dankt für eine Einladung zum Mittagessen mit der Zeichnung ‚Une très belle danse barbare'. 1905

Fernande Olivier mit den Neffen von Manuel Palarès Grau in Horta de San Juan. 1909

Marie Laurencin: ‚Marie Laurencin, Apollinaire und seine Freunde', links Picasso, rechts Fernande Olivier. Öl. 1908

Guillaume Apollinaire, Foto um 1909

(rechts) Marie Laurencin: Bildnis Apollinaires. Öl

der die ironische, übermütige Gesellschaft ‚entzückte', nämlich Frank Haviland, der Sohn eines Porzellanfabrikanten von *Limoges*. Er bewunderte Picasso grenzenlos. Er wurde sein Jünger, sein begeisterter Schüler. Er hatte nur einen Wunsch: ihn zu imitieren, und es gelang ihm ... leider!

Groß, blond, allzu vornehm, allzu jung, blieb er lange ein aufmerksamer und diskreter Vertrauter, *le Riche* genannt. Reich ohne Freigebigkeit, half er zwar seinen neuen Freunden in dem Maß, wie es sein etwas engherziger Charakter ihm erlaubte. Von Zeit zu Zeit kaufte er eine Zeichnung, eine kleine Studie, die billigste! Er schätzte Manolo, und man muß anerkennen, daß dank seiner Hilfe der Bildhauer sich zu seiner Arbeit nach *Céret* zurückziehen konnte und von den Sorgen des täglichen Lebens befreit war.

Eines Tages teilte der Maler Thiesson (er lebt heute nicht mehr), der Picasso hie und da besuchte, ihm mit, daß er seinen Schwager Paul Poiret mitbringen werde, den *Couturier*, der in die Kunst und in alles, was ihm neu schien, verliebt war. Poiret, der großen Zuspruch hatte und in seiner persönlichen Kunst, der Schneiderei, hervorragend war, interessierte sich für alle Künstler. Er kam, und es wurde ein sensationeller Besuch. Er war ausgesucht fein gekleidet – über Einfachheit und Diskretion konnte man sich streiten – und gab sich liebenswürdig, jovial, etwas gönnerhaft und war bereit, mit geschlossenen Augen zu bewundern. Gleich nach seinem Eintritt blieb er vor einem kleinen Frauenporträt, in Wasserfarbe gemalt, stehen.

«Oh, erstaunlich, reizend, wunderbar! Ist es das Porträt von Madame?» sagte er, indem er auf die Gefährtin des Malers wies.

«Ja», antwortete Picasso grinsend, «es ist das Porträt von Madame.. von ihr selbst gemalt.»

Ein Kälteschauer ... Vielleicht eine tödliche Kränkung?

Ich war dabei und werde diesen ersten Besuch, bei dem dieser tolle Irrtum passierte, nie vergessen.

Poiret zog Picasso und sein Gefolge sogleich in seinen Kreis. Er lud sie zu seinen *Diners*, zu seinen Festen ein. Dort trafen sie andere Künstler: Paul Iribe, Lepape, Boussingault, Luc-Albert Moreau, Sue und Dunoyer de Segonzac, der sympathische intime Freund des *Couturiers*, der sich unvergeßlich machte durch die Art und Weise, wie er die Bauern seiner Landesgegend nachahmte.

Poiret, der damals noch in seinen Anfängen war, bewohnte die oberste Etage eines Hauses in der *Rue de Rome*. Sein Schneideratelier war in der *Rue Pasquier*. Aber schon bald richtete er sich am *Faubourg Saint-Honoré* ein.

Seine Abendgesellschaften waren reizend, frei, fröhlich, lebhaft, in einem angenehmen Rahmen, den er intim zu gestalten wußte. Er hat in der *Couture* eine Berühmtheit, fast eine *Gloire* erworben, die er auch verdiente durch seine Kühnheit, seine Großzügigkeit, seine wahre Liebe zur Kunst. Er betrachtete die Dinge weitherzig. Seine kostspieligen Neigungen halfen dabei mit, und er zeigte auch keinerlei

Eine Illustration von Picasso für André Salmon's Buch ,Le Manuscrit trouvé dans un Chapeau'

Kleinlichkeit, wenn es sich darum handelte, etwas zur Geltung zu bringen, sei es in Geschäften oder anderswo.

Aber ich erinnere mich, daß Apollinaire es nicht leiden konnte, daß Poiret sich als *artiste pur* betrachtete. Er schrieb darüber einen Artikel, in dem er sagte, wenn die Schneiderei als eine Kunst betrachtet werden wolle, so könne es höchstens eine untergeordnete Kunst sein.

Poiret verzieh ihm dies nicht und sprach von da an über Guillaume in Worten, die er besser unterdrückt hätte.

Aber wenige der Freunde dieses Kreises verteidigten die Abwesenden; ich habe im Gegenteil oft bemerkt, daß trotz der scheinbar dicken Freundschaft die Zurückbleibenden zu schmähen anfingen, sobald einer der Freunde beim Weggehen die Schwelle überschritten hatte. Dies war einer der ernsthaften Fehler von Picasso, von Max Jacob, die nie dem Bedürfnis widerstehen konnten, Witze zu reißen. Böse Witze auf Kosten ihrer besten Kameraden.

Picassos Geldschrank

Die Zeit verging, das Leben wurde in materieller Beziehung leichter. Die Steins kauften, so viel sie konnten. Die Händler kamen häufiger auf Besuch. Picasso hatte eine Brieftasche mit Banknoten darin. Er konnte sich aber nicht entschließen, sie zu Hause zu lassen.

Er verwahrte sie in der Innentasche seines Rockes, die er vorsichtshalber mit einer großen Sicherheitsnadel zuschloß. Jedesmal, wenn er eine Note herausnehmen mußte, öffnete er die Nadel so diskret wie möglich.

Es war auf alle Fälle sehr komisch. Bald amüsierte, bald ärgerte mich sein Mißtrauen. Ich erinnere mich, daß er eines Tages bemerkte, daß die Nadel nicht so befestigt war, wie er es zu tun pflegte. Er schaute mit inquisitorischem Blick um sich und war fest überzeugt, daß man seinen ‚Geldschrank' angetastet hatte.

Er behielt seine Gewohnheiten bei, und als neue kam hinzu, daß er jeden Abend gegen fünf oder sechs Uhr seine *tour des marchands* machte, wie er es nannte; er besuchte die Ausstellungen und verweilte bei Sagot, Kahnweiler, Vollard.

Eines Tages brachte Matisse einen bedeutenden Sammler zu ihm, M. Tchoukine von Moskau, einen russischen Juden, ein Liebhaber der modernen Kunst.

Es war ein kleiner, blasser Mann mit einem großen Kopf, der an ein Schwein erinnerte. Von schrecklichem Stottern geplagt, konnte er sich kaum verständlich machen, was sehr störte und sein Aussehen noch zu verschlimmern schien.

Die Malweise Picassos wirkte wie eine Offenbarung auf den Russen. Er kaufte, sehr teuer zu jener Zeit, zwei Bilder, eines davon die sehr schöne ‚Frau mit dem Fächer', und er wurde ein ziemlich treuer Käufer. Er besaß in Moskau ein sehr schönes Haus mit Bildern der größten Maler aller Zeiten.

Kahnweiler, der sich anzunähern suchte, verriet sich dabei ein wenig. Mit den Augen, mit den Gedanken immer auf der Lauer, überbot er die Angebote der andern Händler. Es war übrigens ziemlich leicht, ihn zu erwischen. Man wies auf ein Bild und sagte: «Dieses nicht, mein Lieber, es ist beinahe an Soundso versprochen.» Dann konnte man sicher sein, daß er ein Opfer brachte (wie er es nannte), um das Bild zu bekommen. Er ging sehr geschickt zu Werke, und ohne den Krieg wäre er sicher der größte Kunsthändler von Paris und sehr reich geworden.

Aber Picasso! Ich sah immer, wie untröstlich er war, wenn er seine Bilder verkaufen musste. Nachdem ein Handel abgeschlossen und die Bilder fortgetragen waren, überkam ihn eine große Trauer und Mutlosigkeit, und er mochte einige Tage nicht mehr arbeiten. All dies ermüdete ihn, die Beharrlichkeit des Käufers, sein Markten, seine langen Auseinandersetzungen. Am Ende war er der Sache so überdrüssig, daß er, wenn er allein gewesen wäre und man ihm nicht geholfen hätte, die Bilder für ein Nichts gegeben oder den Käufer hinausgeworfen hätte, um Schluß zu machen.

Abendgesellschaften bei Goetz

Deutsche von seltsamem Aussehen kamen zu Picasso. Zuerst Vighels, der unglückliche kleine Maler, der im gleichen Hause wohnte und sich dort als ein Opfer des Rauschgifts erhängte.

Sein Benehmen war seltsam, seine Erscheinung zwiespältig: ein kahler Schädel, ein junges Gesicht mit brutalen Zügen, die preussich wirkten, mit hartem, schneidendem Blick. Er erweckte keine Sympathie. Nach und nach gewöhnte man sich an ihn. Er ging mehr aus sich heraus und zeigte den Dichter, der in ihm war. Wenn man sein Vertrauen genoß, entdeckte man an ihm eine große Zartheit, eine schöne, delikate Empfindsamkeit. Er war ein wenig überspannt wie alle Deutschen, die ich damals kannte.

Da war der Maler Goetz, ein langer Kerl, dem ich heute noch auf *Montparnasse* begegne. Er war reich und bewirtete Picasso und die andern verschwenderisch in seiner Wohnung an der *Rue du Cardinal Lemoine*, wo er alle Zwischenwände auf drei Viertel ihrer Höhe hatte abtragen lassen.

Dort gab es Champagner-Nachtessen. Aus riesigen eisernen Kochtöpfen, in die man eine schöne Zahl von Champagnerflaschen geleert und Ananasscheiben geschnitten hatte, schöpfte man mit großen silbernen Löffeln. Mit Säge und Hacke zerteilte man mächtige Gänse, die heiß und fettriefend auf Zeichnungsbrettern hereingebracht wurden. Man verließ das Haus mit so schallender Heiterkeit, daß die verstörten Hausbewohner vorsichtig ihre Türen öffneten, um zu sehen, was sich im zweiten Stock abspielte.

Einmal glitten Vighels und Braque auf der Treppe aus und landeten mit den Füßen voran in der Wohnung im ersten Stock, wo der Mieter mit der Nachtmütze auf dem Kopf eben die Türe ein wenig geöffnet hatte.

Man traf bei Goetz seltsame Leute. Da waren Herr und Frau Hoffmann, Künstler, viel zu liebenswürdig. Uhde war da, korrekt und kühl, dann Froelich, begeistert und verrückt, und andere, die der Krieg dann aus Frankreich vertrieben hat.

Wenn man auf dem Balkon Luft schöpfen wollte oder wenn man sich in dieser hellräumigen Wohnung in eine der wenigen dunklen Ecken wagte, so fand man unsere Freunde zärtlich umschlungen von den deutschen Damen. Die Frauen von Derain und Picasso waren nicht so sehr erfreut darüber, und es kam zu Streitigkeiten.

Aber die kalte Luft der Straße verscheuchte die helle Wut der einen und die tränenreiche Trauer der andern, und man kletterte auf den Omnibus, um nach *Montmartre* zurückzukehren.

Picasso war müde und beschloß, dieses Jahr die Ferien in Frankreich zu verbringen. Er mietete ein Häuschen auf einem Bauernhof in einem Weiler, sieben Kilometer von *Creil* entfernt. *Rue des Bois*, am Rande des Waldes von *Hallatte*, ist ein kleines, sehr malerisches und sehr einsames Dörfchen. Picasso wollte sich hier von einer Art Neurasthenie heilen, die er sich nach dem Selbstmord von Vighels zugezogen hatte. Ich habe schon gesagt, daß er die französische Landschaft nicht sehr liebte, von der er mit seinem unnachahmlichen Akzent sagte, sie rieche nach *Champignons*, sie sei zu feucht, und ihre Eintönigkeit sei zu verschieden von der Eintönigkeit der spanischen Landschaft.

In Frankreich gefiel es ihm nur in *Céret*, und nach einem ersten Aufenthalt beschloß er, dort seine Ferien zu verbringen.

In *Rue des Bois* ruhte er sich immerhin aus. Er hatte seine Hündin mitgenommen und seine Katze, die Junge erwartete, und allerlei vergnügliche Dinge. Man aß in einem Raum, der nach dem Stall roch. Man wurde in den Schlaf gewiegt durch ein bestimmtes Rauschen, das vom Walde her kam. Man stand spät auf, ohne sich um die Geräusche des Bauernhofs zu kümmern, der schon morgens vier Uhr erwachte.

Abwechselnd besuchten ihn seine Freunde, blieben einige Tage, um dann wieder andern Platz zu machen. Es hatte zwei Zimmer mit je einem Bett.

Derain kam, dann Max Jacob und Apollinaire und auch Vanderpyl mit seiner Frau, die einen ganzen Zuber Wasser brauchte, um von ihren Füßen *la poussière de la route* zu entfernen, wie sie mit ihrem echt südfranzösischen Akzent sagte, als sie unser Erstaunen über die dunkle Farbe ihrer Füße bemerkte. Sie war eine sehr lustige, sehr natürliche Frau. Am ersten Abend machte sie Vanderpyl eine Szene, indem sie sich über seine Gleichgültigkeit beklagte. Ich sehe sie noch am Fußende des Bettes sitzen, im blauen Hemd, die Fäuste in die Seiten gestemmt.

Aber kehren wir nach Paris zurück, mit Picasso und den andern.

Es war die Zeit, da Max Jacob in Gefahr stand, eine ganz besondere Art von Berühmtheit zu erlangen, nämlich als Kartenschläger, Astrolog, Chiromant, Hellseher. Eine neue Marotte. Nahm er sich selber ernst? War er aufrichtig? Ich habe nie herausbringen können, wie viel Aufrichtigkeit bei Max dabei war. Auf alle Fälle war dies ein neuer Spaß. Der Aberglaube mischte sich darein. Man fragte Max über alles um Rat, und er gab unermüdlich Bescheid. Über die Wahl der Steine, der Farben, der Metalle, die man auf sich tragen sollte, um glücklich zu sein. Er stellte unsere Horoskope, er las aus unsern Händen, die feucht waren vor Angst oder Hoffnung. Er leitete Poiret, einen seiner treuesten Kunden, bei der Auswahl der Farben seiner Krawatten und seiner Socken, wodurch seine Chancen erhöht werden sollten. Er fabrizierte uns Glücksbringer, Fetische, die mehr oder weniger schwer waren, je nachdem ob er sie auf Pergament, Silber, Kupfer oder Eisen gravierte, je nach den Gestirnen, die gemäß unserem Geburtsdatum unser Schicksal bestimmten. All dies wurde verziert mit Arabesken, mit kabbalistischen Zeichen und mit seltsamen geometrischen Figuren im Stile Max Jacobs. Denn ich bin sicher, daß er sie aus seiner bloßen Phantasie schöpfte, trotzdem er, wie er sagte, die hebräische Sprache

Picasso: Selbstbildnis. Federzeichnung. 1904

studierte. Und wir hüteten eifersüchtig, sorgfältig unsern Fetisch, voller Angst, unser Glück zu verlieren oder zu verfehlen, wenn wir ihn verschleppten oder jemandem zeigten. Ich habe lange eine schwere, rote, rohe kupferne Plakette in meiner Handtasche herumgetragen, die Max mir gegeben hatte.

Ich erinnere mich, daß Poiret, der von allen der abergläubigste war, nie verfehlte, eine Karte umzudrehen, wenn er ein Kartenspiel liegen sah. War es ein Kreuz oder ein Herz, so war er den ganzen Tag zufrieden; wenn er eine Pique umdrehte, so war es ein schlimmes Unglück.

Das ging so weit, daß die Verkäuferinnen in der *Martine*, seinem Verkaufsgeschäft, Kartenspiele auf die Tische legten, bei denen nur Kreuze und Herzen umgedreht waren.

Im Zirkus Médrano

Die Zerstreuungen waren trotz allem wenig abwechslungsreich in diesem Kreis, wo der Geist allein alles andere ersetzen sollte.

Man hatte wohl für alle den Zirkus Médrano, für Picasso, Braque, Derain und andere die Boxkämpfe, oder man lachte über allerlei amüsante Aussprüche, wie etwa von jener Frau, die ihre Rivalin vernichten wollte, und ihr hinwarf: «So geh doch als Modell zu Picasso!» Bisweilen auch über recht geschmacklose Streiche, wie jenen, den Picasso einmal dem Schauspieler Olin spielte, der in der *Gaîté-Montparnasse* oder im *Bobino* auftrat und dem Picasso am Schluß seiner Szene einen Grabkranz aus gelbem Porzellan überreichen ließ. Auch die Chansons von Max unterhielten uns. Im übrigen verliefen die Abende immer ungefähr gleich. Aus Gewohnheit ging man spät zu Bett. Picasso hatte längst aufgehört, bei Nacht zu arbeiten; aber er stand nicht sehr früh auf.

Picasso liebte das Theater nicht, es langweilte ihn. Die symphonische Musik hätte er vielleicht gern gehabt, wenn er nicht befürchtet hätte, sich in seinem Urteil zu täuschen, denn er verstand nichts davon. Er wollte lieber auf eine Gemütsbewegung verzichten, die nur instinktiv gewesen wäre, und er besuchte deshalb nie ein Konzert. Vielleicht hat er seither seine Einstellung geändert.

Pablo Picasso im Jahre 1904, fotografiert von seinem Freund Ricardo Canals in dessen Atelier in Paris. Inschrift: A mes chers amis Suzanne et Henri (Bloch)

Fernande Olivier im Jahre 1906, Foto

(rechts) Picasso: Bildnis der Fernande Olivier. 1905

Van Dongen: Bildnis der Fernande Olivier. Öl.

(rechts) Marie Laurencin: Bildnis der Fernande Olivier. Aquarell. 1910.
Inschrift: Madame Pickaçoh

Picasso: Büste der Fernande Olivier. Bronze. 1905

Pablo Gargallo: Büste von Picasso. Stein. 1917

Er liebte aber die Gitarre, die Gitarrenspieler, die spanischen Tänze, die Tänzerinnen, die spanischen Zigeuner, alles was ihn an seine Heimat erinnerte. Die Tänzerinnen entzückten ihn mit ihren weiten, geschmeidigen, fliegenden Roben, mit Blumen in den Haaren, die Schleier mit hohen andalusischen Kämmen festgehalten, ihre Bewegungen, ihre kleinen Füße, ihre Hände, die so geschickt den Fächer oder die Kastagnetten bewegten. Die Gitarrenspieler versetzten ihn immer von neuem in Bewunderung. Er war nie überschwänglich, eher konzentriert. Alle diese Eindrücke spiegelten sich auf seinem Gesicht als eine Ergriffenheit, die seine Züge ein wenig erhellte.

Er liebte auch die Stierkämpfe, die Toreros mit ihren in der Sonne gelbrot schimmernden, goldbeschwerten Kostümen, die so vollkommen mit dem Licht Spaniens übereinstimmten. Er liebte das Gewimmel der Menschen in der Arena, ihre Schreie, ihre stürmischen Kundgebungen, die von Bewunderung zu Beschimpfung wechselten, je nach der Geschicklichkeit oder Ungeschicktheit ihrer Abgötter, der Toreros.

Er schien alles zu lieben, für das er nicht gemacht war, was anders war als er.

Es gefiel ihm in den düsteren Kneipen, im Tingeltangel, in den Gassen von Barcelona, wo Mädchen in Bettjacken und weißen Unterröcken mit unmißverständlichen Gebärden zum Besuch aufforderten.

Er liebte alles, was eine intensive Lokalfarbe trug; er atmete mit Wonne diese besondere Atmosphäre. Nichts Abstraktes hätte ihn wohl ergreifen können.

Zweifellos wäre er in Paris abends auch lieber ausgegangen, wenn es einige solche Anziehungspunkte gehabt hätte. Aber hier interessierten ihn nur die Volksfeste, besonders der *Quatorze Juillet*, an dem sich sein Auge weidete, aber ohne daß sein Geist oder sein Gemüt davon berührt worden wäre. Wie war er doch ein Fremder hier, Andalusier, vermischt mit italienischem Blut, von genuesischer Herkunft durch seine Mutter, von welcher er auch den Namen Picasso übernommen hatte, da der Name seines Vaters, Ruiz, in Spanien allzu gewöhnlich war, als daß er ihn behalten hätte.

Er wurde gepackt von allem, was den Charakter einer etwas ordinären Derbheit trug, in der auch Raum ist für eine ganz und gar südländische Naivität.

Er profitierte von allem, was er sah. Er machte, meistens aus dem Gedächtnis, Skizzen von großer Farbenpracht. Er sah – so scheint es mir – zuerst objektiv; aber nachdem das Auge registriert hatte, konnte er das Gesehene so wiedergeben, wie sein Geist es gestaltete. Durch seinen Geist, seine Phantasie gewannen seine Werke eine Originalität, die tief beeindruckte.

Dennoch bewunderte er Paris, und die Clowns …

An den Abenden, da wir uns alle im Zirkus Médrano einfanden, blieb Picasso in der Schranke, im Stallgeruch, der warm und etwas widerlich aufstieg. Er blieb dort, ebenso wie Braque, und schwatzte den ganzen Abend mit den Clowns. Er amüsierte sich über ihr linkisches Benehmen, über ihre Aussprache, ihre Antworten, die übrigens außerhalb der Arena sehr geistlos waren. Picasso bewunderte sie und hegte für sie eine echte Sympathie.

Er kannte Ilès und Antonio, Alex und Roci. Er lud einmal einen holländischen Clown und seine Frau, eine polnische Kunstreiterin, zu sich zum Nachtessen ein. Das waren, besonders der Mann, die gröbsten Menschen, die man sich vorstellen kann.

Grock debütierte damals mit Antonet. Das war eine Offenbarung, ein Ausbruch von Gelächter, ein Taumel. Man kam kaum mehr vom Médrano weg; man ging drei oder gar vier Mal in der Woche hin. Ich habe Picasso nie so herzlich lachen sehen wie im Zirkus Médrano. Er amüsierte sich wie ein Kind und vergaß, daß das, was ihn belustigte, nicht von sehr hoher Qualität war.

Auf andere Weise liebte er das Boxen. Die Körperkraft setzte ihn immer wieder in Erstaunen und erweckte seine Bewunderung. Die Schönheit eines Kampfes fesselte ihn wie ein Kunstwerk. Er liebte die Boxkämpfer eben so sehr wie die Clowns, aber auf andere Weise. Sie schienen ihm Furcht einzuflößen. Er wäre sehr stolz gewesen, Freunde unter ihnen zu haben.

Picassos Anhänger

Picasso arbeitete immer mehr, da sein Geist dank der zunehmenden materiellen Besserstellung frei war.

Er präparierte die Leinwand für seine Bilder selbst. Er ließ aus verschiedenen Geschäften Muster kommen, wählte sorgfältig aus und bestellte dann eine Leinwand nach dem gewählten Muster. Er liebte eine feine, dicht gewobene Leinwand mit glatter Fläche, die weniger aufsaugt als die andern. Und zweifellos greift die Zeit ein solches Bild weniger an.

Zum Präparieren der Leinwand hatte Picasso ein Lokal gemietet – es ist unterdessen zerstört worden – in einem alten Garten an der *Rue Cortot* auf *Montmartre*. Dort konnte er die präparierte Leinwand ausgebreitet liegen lassen, bis sie trocken war.

Trotz allem schien er immer sorgenvoller zu werden. Er war oft brummig, woran vielleicht die Müdigkeit infolge der allzu beharrlichen Arbeit schuld war. Mehr und mehr hatte er Angst vor Krankheiten.

Er fürchtete sich vor der Schwindsucht. Jeden Morgen hustete er, was sicher vom übermäßigen Pfeifenrauchen herrührte. Jedesmal schaute er nach, ob er kein Blut spucke. Eines Nachts, als beim Husten kleine Gefäße in der Kehle gesprungen waren, hustete er Blut. Er verlor völlig den Kopf. Salmon, der im Hause wohnte, wurde alarmiert. Man holte einen befreundeten Arzt, der Picasso lachend zu beruhigen suchte, ihn aber nicht überzeugen konnte.

Er war beunruhigt über alles und jedes.

Eines Tages tauchte aus Spanien ein ganz junger humoristischer Zeichner auf, der sich bis dahin damit begnügte hatte, Galanis, Iribe oder Gosset zu imitieren. Er kam zu Picasso und dieser bekam in ihm einen neuen Anhänger.

Er liebte die Jungen. Er empfing Juan Gris freundschaftlich und half ihm, wie er konnte. Er bekam die Ecke einer Serviette bei den gemeinsamen Mahlzeiten im Atelier. Denn man war nicht reich an Wäsche bei Picasso. Seine Gefährtin sagte eines Tages lachend zu Apollinaire:

«Ich habe nur noch eine Serviette. Seht zu, daß jeder von euch vieren seine Ecke bekommt.»

Man machte sich diesen Brauch zu eigen, der Guillaume zu einer Erzählung inspirierte, die, ich glaube, betitelt war ‚Die Serviette der Dichter'.

Juan Gris, der nicht sehr begabt, aber schlau war, erfaßte die Mode der Zeit sehr schnell. Er studierte, was man die ‚Kunstgriffe des Kubismus' nennen könnte und bediente sich ihrer mit einer gewissen Intelligenz, aber ohne Kunst. Und dabei blieb er. Er hatte sich auf diese Weise dauerhaft eingerichtet und ging nicht mehr von diesem Genre ab. Der Kubismus scheint übrigens noch vielen Künstlern, die sonst niemals durchgedrungen wären, zum Erfolg verholfen zu haben. Er hat ihnen die Sorge abgenommen, sich zu einer Persönlichkeit zu entwikkeln, die doch nicht in ihnen steckte. So war es bei Metzinger, Gleize und andern.

Außer Picasso, dem Schöpfer, und Braque, der den Kubismus oft in eine dekorative, weichere, anmutigere Form aufzulockern verstand, sehe ich unter den Nachfolgern keinen, der neue Elemente hinzugebracht hätte.

Léger, Gleizes haben den ursprünglichen Sinn des Kubismus zu einer Technik deformiert, die sich halten kann. Was der Kubismus geworden ist im Vergleich zu dem, was er versprach – ich fühle mich nicht berufen, es auszusprechen. Ich könnte nur meinem Gefühl gemäß darüber diskutieren, und ich müßte riskieren, mich zu täuschen.

Der Kubismus ist eine Form, die, wie mir scheint, von ihrer Geburt an endgültig war.

1910 - 1913

Das Atelier am Boulevard de Clichy

Im Jahre 1909 befaßte sich Picasso, der reicher geworden war, mit dem Gedanken, umzuziehen und sein *Bateau-Lavoir* zu verlassen, in welchem er zwei Ateliers innegehabt hatte, eines ausschließlich für die Arbeit, das andere für das private Leben.

Er entschloß sich dazu nach der Heimkehr von einer Reise in Aragonien, nachdem er vier Monate in Spanien verbracht hatte. Er tat es ungern, denn er ließ in diesem Hause an der *Rue Ravignan* einige der schönsten Erinnerungen seines Lebens. Und dies fühlte er tief. Er verließ also den bescheidenen Platz, um sich am *Boulevard Clichy Nr. 11*, in der Nähe der *Place Pigalle*, niederzulassen, in einem Hause, das Delcassé gehörte, der selber darin wohnte. Picasso hatte ein großes Atelier gegen Norden mit einer Wohnung gegen Süden gemietet, deren Fenster sich gegen die Bäume der reizenden *Avenue Frochot* öffneten.

Man mußte Möbel kaufen. Es gab nicht viel mitzunehmen aus dem früheren Atelier außer Bildern, Staffeleien, Büchern. Picasso hatte dort jahrelang mehr kampiert als gewohnt, und alles Geld, das man verwendet hatte, um eine angenehme Atmosphäre zu gestalten, hatte zum Komfort nichts beigetragen. Man schlief auf einer Matratze, die man nie mit hölzernen Füßen versehen hatte. Den runden Tisch klappte man nach den Mahlzeiten zusammen und stellte ihn in eine Ecke. Ein tannener Schrank genügte reichlich zum Aufbewahren der Wäsche.

Was man vom Atelier der *Rue Ravignan* behalten konnte, diente zur Möblierung des Dienstmädchenzimmers am *Boulevard de Clichy*. Obwohl Picasso schon am Ende seines Aufenthaltes an der *Rue Ravignan* viel mehr Geld verdient hatte, war ihm nie die Idee gekommen, seine Ateliers zu möblieren. Eine Zeitlang hatte zwar einer seiner Räume komfortabler ausgesehen, als nämlich Van Dongen während eines ziemlich langen Aufenthaltes in Holland einige Möbelstücke bei Picasso zurückgelassen hatte.

Man sagt, daß die arrivierten Künstler sich nach der Zeit zurücksehnen, da sie arm waren. Das stimmt zweifellos. Sie haben an den Orten, wo sie gelebt haben, ihr Bestes zurückgelassen. Als erstes einmal die Jugend, wohl das Begehrenswerteste, das Kostbarste des Lebens. Die Künstler verabscheuen das Älterwerden. Mit der Armut lassen sie etwas Reines, Inbrünstiges zurück, das sie später vergeblich wieder zu finden hoffen.

Und der Kampf! Der Kampf, der nötig war für ihre künstlerische Entwicklung. Wie könnte man sich nicht zurücksehnen nach einer so strahlenden, begeisterungdurchglühten Jugend! Wenn die Epoche der Modernen fruchtbarer erscheint, so ist es ihnen eben zu leicht gemacht worden. Der Weg, dem die Jungen heute folgen, war schon geebnet. Man trifft keine Begeisterung mehr, oder dann hat sie ihre Form geändert.

Der unruhige Geist Picassos, ständig auf der Suche, konnte sich nur in einer gewissen Mittelmäßigkeit günstig entwickeln.

Ich erinnere mich an ein kleines, eindrückliches Erlebnis, das ihn gut charakterisiert. In der Zeit, da wir auf neue Sensationen begierig waren, verbrachten wir die Abende gern auf außergewöhnliche Weise. Eines Abends, nachdem man Haschisch genommen hatte, fand man sich mit Max Jacob, Apollinaire und Picasso bei Princet zusammen. Einer nach dem andern geriet in Ekstase, die ihr Inneres offenbarte.

Princet weinte einfach, weil seine Frau ihn verlassen hatte; aber er fand darin eine Art tröstlicher Freude. Er verlangte nicht mehr. Apollinaire, der materialistischer geworden war, glaubte sich im Bordell und schrie außer sich vor Freude. Max Jacob, der diese Art von Sensationen besser kannte als die andern, kauerte zufrieden und glücklich in einer Ecke. Aber Picasso, von einer Nervenkrise erfaßt, schrie, er habe das Photographieren erfunden, er könne sich töten, er habe nichts mehr zu lernen.

Der Abend hatte in Azons Restaurant an der *Rue Ravignan* begonnen, mit Marie Laurencin, Salmon, Paul Fort. Dort nahmen wir die Haschischpillen. Marie Laurencin spürte gar keinen Effekt und ging ruhig zu ihrer Mutter nach Hause.

Als wir das Restaurant verließen, rannte Paul Fort wie ein Verrückter und Salmon hinkte, mehr aus Nervosität als zum Spaß.

Für Picasso war es ernster. Er schien die Offenbarung gehabt zu haben, daß es eines Tages mit seiner Entwicklung zu Ende sei. Er berühre das Ziel, eine Mauer; er könne nicht mehr weiter gehen. Er könne nicht mehr lernen, entdecken, erfahren und nach und nach in alle Geheimnisse einer Kunst eindringen, die er neu haben wollte.

Sein Interessenkreis war übrigens beschränkt. Dieser große Sucher, dieser Neugierige sagte eines Tages zu seinem Freund, dem Musiker Déodat de Séverac, der zu ihm von Musik sprach:

«Mein Lieber, ich weiß nichts davon, und ich verstehe sie nicht so gut, daß ich ihr folgen könnte, ohne daß ich riskieren müßte, mich zu täuschen.»

Aber das habe ich schon gesagt.

Zeigt dies nicht auch seinen Hochmut?

Picasso wird bürgerlich

Nun ist also Picasso am *Boulevard de Clichy* installiert.

Er arbeitet in einem großen, luftigen Atelier, das man nicht ohne Erlaubnis betreten darf, in welchem man nichts berühren soll und wo man, wie von jeher, eine Unordnung dulden muß, die nie eine kunstvolle, farbenschillernde, hübsch aussehende Unordnung war.

Er nimmt seine Mahlzeiten in einem Eßzimmer mit alten Mahagonimöbeln ein, wobei ein Dienstmädchen in weißer Schürze serviert.

Er schläft in einem richtigen Schlafzimmer in einem niedrigen Bett mit schweren, viereckigen Stangen aus Kupfer.

Hinter dem Zimmer hat es einen kleinen Salon mit einem Divan, einem Klavier, einem hübschen italienischen Möbel mit Elfenbein-, Perlmutter- und Schildplattinkrustationen, das ihm sein Vater geschickt hat, gleichzeitig mit einigen andern schönen, alten Möbeln.

Ich muß auch noch erwähnen, wie erstaunt die Männer, die den Umzug besorgten, über den Unterschied der zwei Ateliers, des alten und des neuen, waren. Einer von ihnen sagte zu Raynal, der Picasso half:

«Diese Leute haben sicher das große Los gewonnen.»

Das Atelier hat zwei Fenster. Wenn man sich hinauslehnt, ist man in der Sonne, und man sieht schöne Bäume und Gärten.

Oft kehrt man in der Morgenfrühe heim, und man geht ans Fenster, weil die Vögel singen; man hört ihnen eine Weile zu und schläft dann bis um elf oder zwölf Uhr.

Trotz allem wird er hier schon weniger glücklich sein, als er es bis jetzt war. Das Dienstmädchen versteht seinen Charakter bald. Sie gewöhnt sich, die Dinge so zu machen, daß er sich nicht ärgert, nicht zum Widerspruch gereizt wird. Man reinigt das Atelier nur, wenn er es befohlen hat. Man wischt nicht. Er hat immer einen Abscheu vor dem Staub gehabt, außer vor dem ruhenden Staub. Aber der Staub, der herumfliegt und sich auf die frischgemalten Bilder setzt, macht ihn verrückt.

Am Morgen läßt man ihn natürlich schlafen, und man merkt es dem Haushalt an: das Dienstmädchen wird nachlässig und steht sehr spät auf.

Picasso hatte einige schöne Möbel nach seinem Geschmack gefunden. Alte, etwas schwere Möbel aus Eiche von einfacher Form. Er schien eine Vorliebe für den Stil Louis XIV zu haben.

Er schloß sich in seinem neuen Atelier ein von nachmittags zwei Uhr an oder noch früher, wenn es ging, und arbeitete bis zum Einbruch der Dunkelheit. Im Winter durfte man das Atelier betreten, um das Feuer zu besorgen.

Alle zwei oder drei Monate ordnete er seine Bilder, seine Kleinigkeiten, die er in großen Schränken versorgte, und dann erlaubte er endlich, daß man das Atelier gründlich reinigte, unter der Bedingung, daß man nichts durcheinander bringe.

Er kaufte sich, dem Zufall seiner Spaziergänge überlassend, Möbel und alle möglichen Dinge, die das schon volle Atelier schließlich überfüllten. Ich erinnere mich eines Vormittags, da er strahlend heimkam, gefolgt von einem Mann, der sich beugte unter der Last eines prächtigen, riesigen Ruhebettes im Stil Louis-Philippe aus violettem Samt mit Goldknöpfen auf den Sitzpolstern.

Ein andermal bekam ein alter, niedriger Stuhl, eine Art Lehnstuhl mit gebleichtem Überzug den Ehrenplatz im Atelier.

Die Wände waren mannigfaltig geschmückt mit alten Tapisserien, Negermasken, Musikinstrumenten, und daneben hing ein kleiner Corot, der eine hübsche Frauenfigur darstellte.

Picasso: Les demoiselles d' Avignon. Öl. Paris, Frühjahr 1907

Marie Laurencin: Porträt-Gruppe. Öl. 1909. Im Mittelpunkt Guillaume Apollinaire, hinter ihm die Mirabeau-Brücke in Paris, daneben ein mit Früchten gekrönter Engel, Fernande Olivier und Gertrude Stein. Zur Rechten des Dichters: Picasso, eine Unbekannte, der Dichter Cremnitz und Marie Laurencin

Auf den Tischen standen Negerplastiken, die er einige Jahre vorher zu sammeln angefangen hatte. Ich glaube, es war Matisse, der als erster den künstlerischen Wert der Negerarbeiten entdeckte, dann auch Derain. Picasso wurde ganz besessen davon, und die Statuen, Masken, Fetische aus allen Landstrichen Afrikas häuften sich bei ihm. Die Jagd nach Negerkunst wurde ein richtiges Vergnügen für ihn. Es hatte wahrhaft rührende Figuren darunter, mit ihrem Schmuck, mit Halsketten, Armbändern oder Gürteln aus Glaskugeln, die dann oft von den Künstlerfrauen weggenommen und als eigener Schmuck verwendet wurden.

Picasso liebte ganz besonders eine kleine Frauenmaske, bei welcher sich die weiße Malerei des Gesichts von der Holzfarbe der Haartracht abhob, was einen seltsam lieblichen Ausdruck ergab.

Zu dieser Zeit war ein ständiger Wetteifer zwischen Picasso, Braque, Derain, Vlaminck, Matisse und so weiter, wer die schönsten Werke von Negern entdeckte. Die Kunst der Neger hat viel zu ihrer künstlerischen Entwicklung beigetragen.

Die Samstage bei Steins

Für die Ausschmückung der Wohnung huldigte Picasso einem Geschmack, der ihn zum Kauf von ganz ordinären Dingen veranlaßte. Oft steckte freilich auch Ironie dahinter. Er war ein leidenschaftlicher Sammler aller möglichen kleinen Dinge. Glaswaren von einem blendenden Blau standen neben bäuerlich verzierten Tassen. *Flacons* von verschiedensten Formen mußten sich die Nachbarschaft gewöhnlicher Flaschen aus grobem Glas gefallen lassen, neben denen schwere Blöcke reinen, geschliffenen Kristalls standen, die einem fürstlichen Service entstammen zu schienen.

Er liebte die alten Tapisserien, *Verdures*, *Aubussons*, *Beauvais*, die zum Teil in so schlechtem Zustand waren, daß man kaum den Bildgegenstand erkennen konnte. Ferner Musikinstrumente, Schachteln, alte Rahmen, von denen das Gold abgeblättert war. Farbdrucke in Strohrahmen schmückten die Wände des Eßzimmers. Sie hätten in eine Conciergeloge gepaßt. Picasso selber lachte darüber.

Während Jahren bewahrte er in einer alten Hutschachtel Krawatten aller Stoffarten und Farben auf, die seine einzige Sorge um die Eleganz bildeten.

Er gefiel sich darin, einen besonderen Reiz in Dingen zu finden, die andern einfach lächerlich vorkamen.

So machte sich Picasso, der sich wie ein Arbeiter kleidete, zum Beispiel einen Spaß daraus, zu einem roten Baumwollhemd mit weißen Punkten eine crèmefarbene Krawatte aus *Crêpe de Chine* zu tragen. Es kümmerte ihn wenig, daß diese Krawatte schmutzig oder zerknittert war. Was er wollte, war die besondere ‚Note', die ihm Spaß machte.

In der Malerei galt seine Liebe damals Greco, Goya, den Primitiven und besonders Ingres, den er gerne im Louvre studierte.

Er fing an, am Abend häufiger auszugehen, nahm auch öfter Einladungen an und ging am Samstag regelmäßig zu Steins. Man traf zu jener Zeit bei ihnen einen begabten polnischen Bildhauer, Nadelman, dessen Werke Steins sehr große Sammlung moderner Kunst noch vermehrten. Um neun Uhr abends war der Zustrom an Gästen so groß, daß das Atelier zu eng wurde und man sich auf die ganze Wohnung verteilen mußte. Es war ein Gemisch von Künstlern, *Bohémiens* und bürgerlichen Leuten, hauptsächlich Ausländern. Ein seltsames Schauspiel, all diese Leute, verschieden gruppiert, und alle über Kunst oder Literatur diskutierend.

Gewisse Gäste gingen nie vom Buffet weg.

Die Gastgeber bekümmerten sich liebenswürdig um jede Gruppe, aber fühlten sich doch ganz besonders ihren zwei großen Männern, Matisse und Picasso, verbunden.

Matisse war damals in seiner besten Kraft, Apostel seiner Malweise, die er eifersüchtig gegen Picassos versteckte Angriffe verteidigte.

Bei diesen Abendgesellschaften, die übrigens gar nicht unangenehm waren, war Picasso meistens verdrießlich, düster. Man langweilte ihn, man wollte ihn veranlassen, sich auszusprechen, was ihm schwer fiel, besonders auf Französisch; er sollte erklären, was er nicht erklären mochte.

Beim Weggehen war er überreizt, wütend. Einmal, als er sah, daß Steins zwei seiner Bilder gefirnißt hatten, ohne ihn um Erlaubnis zu fragen, wurde er von einem heftigen Zorn gepackt. Er wollte sofort

Picasso: Fernande Olivier. Bleistiftzeichnung. 1906

weggehen und seine Bilder mitnehmen, die er durch den Firnis entstellt fand. Nur mit großer Mühe konnte man ihn davon abhalten, einen Skandal zu veranstalten. Unterdessen gingen Steins, die von dem kleinen Drama nichts ahnten, liebenswürdig von einem Gast zum andern und lächelten von weitem Picasso zu, der leichenblaß war vor unterdrückter Wut.

Als man sie von der Sache in Kenntnis setzte, machten sie sich lustig über Picassos Zorn und versprachen ihm, daß dieser Firnis verschwinden werde; sie hätten einen Versuch damit machen wollen.

Picasso grollte ihnen eine Weile, konnte aber ihren liebenswürdigen Aufforderungen nicht lange widerstehen und noch weniger der Bewunderung, die sie ihm bei jeder Gelegenheit zum Ausdruck brachten. Eines Tages holten sie ihn ab, und dann ging er wieder regelmäßig zu ihnen. Er hatte die Schwäche, die vielen großen Künstlern eigen ist: er liebte es, bewundert und sogar umschmeichelt zu werden.

Der überschwemmte Apollinaire

Bei den Überschwemmungen im Jahre 1910 widerfuhren dem armen Apollinaire Unannehmlichkeiten. Eines Tages war er blockiert in seinem Hause, und er konnte nur ausgehen dank der Gefälligkeit eines Kanalreinigers, der ihn auf die Schultern nahm und über die in einen Fluß verwandelte Straße trug.

Ganz glücklich, diese Episode erzählen zu können, kam er zu uns mit lautem, fröhlichem Lachen, das aus seiner Pfeife herauszukommen schien, die er immer zwischen den Zähnen hatte.

In jene Wohnung Apollinaires, mit der sich so viele Erinnerungen verknüpften, kam jeden Tag während längerer Zeit der Dichter Louis de Gonzague-Frick. Er brachte jeden Morgen einen Apfel für Guillaume, der Äpfel ganz besonders gern hatte.

Dieser Dichter hatte das Bestreben, in einen Kreis von Künstlern aufgenommen zu werden, als dessen Seele er Guillaume betrachtete. Offenbar von der Erinnerung an Oscar Wilde inspiriert, kleidete sich Louis de Gonzague-Frick mit äußerster Gewähltheit. Geschminkt, gepudert, Rot auf den Lippen, groß, elegant, das Monokel im Auge, eine

Blume im Knopfloch, übertrieb er auch in seinen Manieren, was uns nicht weiter beunruhigte, aber amüsierte.

Er hatte eine Mutter, welcher er seine neuen Freunde vorstellte. Sie empfing sie bei sich, aber ich glaube, es fiel ihr schwer, sich an diese *Bohème* zu gewöhnen, gegen die sie sehr mißtrauisch war. Diese Elsäßerin hatte eine besondere Art, die Freunde ihres Sohnes zu behandeln. Zu Max Jacob, dem sie ihr Herz ausschüttete über die wenig ruhmvollen Beziehungen ihres Sohnes, sagte sie:

«Was sind das alles für Nichtsnutze, die mein Sohn nach Hause bringt?»

Dies sagte sie mit einem elsäßischen Akzent, der die ganze Verachtung deutlich durchblicken ließ.

Dennoch ist Gonzague-Frick immer glühender, reiner, wirklicher Verehrer der Kunst in ihren schönsten Formen gewesen.

Max Jacob setzte seine einsame Arbeit fort. Er hatte damals *La Côte* herausgegeben, seinen ersten Band bretonischer Gedichte, die er, so erklärte er, aus dem Altbretonischen übersetzt habe; aber wir vermuteten, daß sie aus seiner eigenen dichterischen Phantasie hervorgegangen seien.

Dieses erste Buch, das auf Subskription herauskam, ist vielleicht eine seiner schönsten Erinnerungen. Er hatte solche Mühe, die nötigen Mittel für die Herausgabe zusammenzubringen! Wenn ich mich richtig erinnere, mußte man Subskriptionsscheine von sechs Franken unterzeichnen.

Als Picasso seine Wohnung wechselte, hatte man einige Tage keine Nachricht von Max. Obwohl Picasso an die Grillen seines Freundes gewöhnt war, stieg er etwas beunruhigt zur *Rue Ravignan* hinauf. Er fand Max im Bett, sehr krank, in seinem dunklen Zimmer, wo er einigermaßen von der *Concierge* gepflegt wurde, die ihm Lindenblütentee bereitete.

Picasso hatte alle Mühe, ihn dazu zu bringen, sich bei ihm pflegen zu lassen. Schließlich kam er. Man stellte ihm ein Bett ins Atelier.

Er war ein reizender und zugleich abscheulicher Patient. Er wollte nichts einnehmen, was ihm nicht paßte; aber er war liebenswürdig und fröhlich trotz seiner Schwäche.

Als er wieder hergestellt war, spürte man erst, wie sehr man beunruhigt gewesen und wie man ihn liebte.

Die Empfänge, zu denen Picasso eingeladen war, wurden immer zahlreicher. Poiret empfing häufig Gäste, auch Frank Haviland, der in seinem Atelier an der *Avenue d'Orléans* große *Dîner*s veranstaltete, und viele andere.

Picasso ging immer verdrießlich hin. Man konnte sich fragen, warum er denn überhaupt ging, wo er doch so leicht hätte absagen können. Aber er sagte oft aus Schwäche zu, beging dann aber die Unhöflichkeit, doch zu Hause zu bleiben. Er dankte es seiner Umgebung, daß dies nicht allzu oft geschah; immerhin hat er hier einiges auf dem Gewissen. Aber er ärgerte sich so über die Leute, die ihn dazu trieben, etwas zu tun, was er nicht wollte; so vermied man es, ihn beeinflussen zu wollen.

Er selber hatte auch einen *Jour*.

Er wählte den Sonntag, ein unangenehmer Tag für die, die nicht gezwungen sind, während der Woche zu arbeiten. Offenbar wollte er sich so an einem Nachmittag der Freundespflichten entledigen, die er sich selber schuf. Picasso bezeugte seinen Bekannten gegenüber eine große Freude, sie zu sehen, wenn er sie auch oft lieber zum Teufel geschickt hätte.

Eines Tages, als er eine größere Summe Geld brauchte, verkaufte er seine Skulpturen an Vollard. Ich weiß nicht, ob Vollard sie hat in Bronze gießen lassen; auf alle Fälle habe ich sie nirgends mehr gesehen. Ich erinnere mich an eine Männermaske, die von schönem Talent zeugte. Dann die Büste eines Narren mit Zipfelmütze und der Entwurf einer Frauenbüste. Zu dieser Zeit fing Picasso an, kubistische Porträts zu malen. Er porträtierte Uhde, der ihm dafür den kleinen Corot schenkte, von dem ich schon sprach; dann Vollard und Kahnweiler. Er arbeitete lange an diesen Porträts, besonders am Porträt Vollards, bei dem sich die Arbeit über Monate hinzog.

Er äußerte oft, er hätte gewisse Bilder behalten wollen, um darauf zurückzukommen; er sagte, eine Malerei sei nie fertig.

Trotz der materiellen Besserstellung wurde Picasso immer düsterer. Wenn man ihn fragte, was ihm fehle, ob er verdrießlich oder leidend sei, so schaute er einen erstaunt an und antwortete:

 «Nein, gar nicht. Ich denke an meine Arbeit.»

Zu Hause bei Tisch sprach er wenig. Oft schwieg er während der ganzen Mahlzeit.

Er schien verdrießlich, während er doch nur absorbiert war. Im Gegensatz zu Apollinaire oder zu Max, die, wenn sie ihre Arbeit weggelegt hatten, so lebhaft, so fröhlich, so mitreißend waren.

Übrigens erheiterte sich Picasso in ihrer Gesellschaft ziemlich rasch wieder. Er hatte Freunde gewählt, die ganz anders waren als er selber, und das war günstig.

Ich habe Picasso nie viel lesen sehen. Die Malerei allein beschäftigte ihn ganz und nahm mehr und mehr alle seine Zeit in Anspruch.

Er war ziemlich leidend oder glaubte es zu sein und befolgte eine strenge Diät. Er, der noch einige Jahre zuvor gern getrunken und alles gegessen hatte, wollte jetzt nichts anderes mehr haben, als was ihm vorgeschrieben war. Während einiger Jahre sah ich ihn nur Mineralwasser und Milch trinken, Gemüse, Fisch, Milchreis und Trauben essen. Vielleicht war es diese Diät, die ihn oft so traurig, so verdrießlich machte.

Immer mehr liebte er die Tiere. Er war gerührt über seine treue, sanfte Hündin Frika. Eine kleine Meerkatze, die ihn allen andern vorzog, nahm mit ihm die Mahlzeiten ein, spielte ihm tausend Streiche, die er lachend duldete. Er ließ sie seine Zigarette nehmen oder die Frucht, die er gerade aß. Sie bettete sich an seine Brust, wo sie sich wohl fühlte. Er liebte dieses zutrauliche Tier, und die schlimmsten Streiche, die sie Max Jacob spielte, der vor ihr Angst hatte wie überhaupt wohl vor allen Tieren, machten Picasso Spaß. Er hatte gleichzeitig drei Katzen, einen Hund und die Meerkatze. Er hätte am liebsten sein ganzes Haus mit Tieren gefüllt.

Er hatte eine kindliche und zarte Seite, gegen die er sich zu wehren schien. Aber vielleicht liebte er die Tiere auch um des Anblicks willen, den sie ihm boten, aus Liebe zur Kunst, wie er die Clowns, die Boxkämpfer liebte; weniger aus Güte.

Er war im ganzen ein Mensch, der wenig in sich eindringen ließ und der dadurch sicherlich an vielen Freuden vorbeigegangen ist, ohne sie zu ahnen.

Nachdem Picasso drei oder vier Monate in Spanien verbracht hatte, traf er am Tag seiner Rückkehr nach Paris zufällig Guillaume Apollinaire, aber einen verwirrten, entsetzten Apollinaire, der ihm sagte, er werde von der Polizei gehetzt, verfolgt oder, genauer gesagt, er werde gerichtlich verfolgt wegen des Diebstahls von Statuetten im Louvre. Er fügte hinzu, daß auch Picasso komprimittiert sei. Die Polizei hatte bei Apollinaire schon eine Hausdurchsuchung gemacht.

Tatsächlich hatte ein ‚Sekretär' Apollinaires, Sohn eines bekannten belgischen Advokaten – ich glaube, er hieß Géry – aus Prahlsucht, zum Spaß, um zu beweisen, daß es leicht sei, im Louvre zu stehlen, bei mehreren Museumsbesuchen einige Statuetten und Masken mitlaufen lassen. Das war einige Jahre zuvor geschehen, und Géry, den Apollinaire auch bei Picasso eingeführt hatte, hatte diesem zwei recht schöne kleine Steinmasken geschenkt, über deren Herkunft er sich ausgeschwiegen hatte. Er hatte bloß empfohlen, sie nicht zur Schau zu stellen. Picasso war entzückt, hütete diese Geschenke sorgfältig und verbarg sie in der Tiefe eines Schrankes.

Um diese Dinge handelte es sich und um eine Statuette, die ich auf einem *Cheminée* bei Guillaume bemerkt hatte.

Die Zeit war vorbeigegangen. Man stieß bisweilen wieder auf diese kleinen Meisterwerke, wenn man in dem alten normannischen Schrank wühlte. Man dachte nie mehr daran.

Dieser Géry, ein verrückter Kerl, geistreich, intelligent, leichtsinnig, enthüllte eines Tages aus Prahlsucht seine Diebereien in einem Brief an irgend eine Zeitung, die einen Artikel über ‚Die Diebstähle im Louvre' erscheinen ließ.

Die alarmierte Polizei machte sogleich Untersuchungen und glaubte, in Guillaume den Chef einer organisierten Bande erwischt zu haben. Sie hätte aber zweifellos nichts gefunden, wenn dieser verrückte Géry sich nicht einen Spaß daraus gemacht hätte, an die Staatsanwaltschaft zu schreiben und genauere Angaben zu machen. Aus jeder Stadt, durch die er reiste, schrieb er einen Brief an die Polizei, die ihn durch alle Städte Südfrankreichs verfolgte. Ich glaube, er wurde nicht erwischt.

Wenn ich mich nicht mehr genau erinnere, was aus Géry wurde, so kenne ich umso besser das jammervolle Leben, das Apollinaire und

Picasso eine Zeitlang führten von dem Tage an, da Picasso nach dem traurigen Zusammentreffen mit Apollinaire nach Hause an den *Boulevard de Clichy* zurückkehrte, um ‚Maßnahmen' zu treffen. Ich sehe sie noch vor mir, alle beide: zerknirschte, angsterfüllte Kinder, die ins Ausland fliehen wollten. Sie verdankten es mir, daß sie ihre Torheit nicht zu weit trieben. Sie beschlossen, in Paris zu bleiben und sich sofort der kompromittierenden Gegenstände zu entledigen. Aber wie?

Schließlich, nach einem hastigen Nachtessen und einem langen Abend des Wartens, hatten sie beschlossen, in der Nacht die Skulpturen in einem Koffer in die Seine zu werfen. Sie gingen gegen Mitternacht zu Fuß mit dem Koffer weg und kamen um zwei Uhr erschöpft, geschlagen wieder zurück. Sie brachten den Koffer samt seinem Inhalt wieder.

Sie waren herumgeirrt, da sie den günstigen Moment nicht gefunden oder nicht gewagt hatten, sich ihres Gepäckstücks zu entledigen. Sie hatten sich verfolgt geglaubt. Ihre Einbildung hatte tausend Dinge, eines phantastischer als das andere, produziert. Ich hatte sie übrigens, trotzdem ich an ihrer Angst teilnahm, an diesem Abend gut beobachtet. Ich bin sicher, daß sie, vielleicht unbewußt, sich selber eine Art Komödie vorspielten. Es ging so weit, daß sie, die beide nichts vom Kartenspiel verstanden, zweifellos in Nachahmung gewisser Banditen, den ganzen Abend bis zu ihrem Weggang an die Seine in Erwartung ‚der Stunde des Verbrechens' dergleichen getan hatten, als ob sie Karten spielten.

Kurz, Apollinaire übernachtete bei Picasso und ging am andern Morgen zum *Paris-Journal*, dem er die unerwünschten Werke anbot unter der Bedingung, daß ihre Herkunft geheim gehalten werde. Das war ein guter Fund für *Paris-Journal*, der mit Begeisterung angenommen wurde. Das gab eine unverhoffte Reklame.

Aber am folgenden Morgen wurde Apollinaire an der *Rue Gros* von der Polizei geweckt, die eine zweite Haussuchung vornahm.

Wir wußten von nichts. Ohne Nachricht von unserem Freund, waren wir beunruhigt. Aber wir wagten nicht, zu ihm zu gehen. Und eines Morgens gegen sieben Uhr läutete es bei Picasso.

Da das Dienstmädchen noch nicht unten war, öffnete ich, und ein Polizeibeamter in Zivil wies eine Karte der Präfektur vor und befahl Picasso, ihm zu folgen, da er um neun Uhr vor dem Untersuchungsrichter zu erscheinen habe. Picasso zitterte und kleidete sich hastig an. Man mußte ihm helfen. Er verlor den Kopf vor Angst; er hätte ihn schon bei geringerer Ursache verloren. Der gutmütige Polizist war höflich, freundlich, verschmitzt, einschmeichelnd, versuchte zum Reden zu bringen. Aber auf der andern Seite war er mißtrauisch. Man sagte nichts.

In seiner Begleitung begab sich Picasso auf die Präfektur, ohne recht zu verstehen, was man von ihm wollte. Der Omnibus *Pigalle-Halle-aux-Vins*, den er besteigen mußte, blieb ihm auf lange Zeit in schlechter Erinnerung. Der Polizist hatte nicht das Recht, auf Kosten seines Klienten ein Taxi zu nehmen.

Am Bestimmungsort angelangt, wurde Picasso nach langem Warten ins Zimmer des Untersuchungsrichters geführt, wo er Apollinaire erblickte, bleich, angegriffen, unrasiert, mit zerrissenem Kragen und offenem Hemd, ohne Krawatte, abgemagert, reduziert, in kläglichem Zustand. Er bot einen jammervollen Anblick.

Er war seit zwei Tagen in Haft, und man hatte ihn wie einen Verbrecher ausgequetscht. So hatte er schließlich alles gestanden, was man wünschte. Bei diesen Geständnissen machte die Wahrheit den kleinsten Teil aus. Was hätte er nicht alles gestanden, wenn man ihn dann in Ruhe ließ!

Tief beeindruckt geriet Picasso vom Zittern in die Bestürzung; der Mut sank ihm noch tiefer als am Morgen, als er sich nicht hatte anziehen können, weil er vor Angst so sehr schlotterte.

Die Szene, die er mir später schilderte, kann man unmöglich beschreiben. Er konnte auch nicht sagen, was für eine Erklärung das Untersuchungsgericht eigentlich von ihm wollte. Übrigens hatte Guillaume so viele wahre und falsche Dinge gestanden, daß er seinen Freund endgültig kompromittiert hatte. Wen hätte er nicht kompromittiert in seiner Verwirrung! Offenbar weinten sie beide vor diesem ziemlich väterlichen Richter, der Mühe hatte, vor ihrem kindlichen Schmerz seine ernste Miene zu bewahren.

Man hat später gesagt, Picasso habe seinen Freund verleugnet; er habe sich so verhalten, als kenne er ihn nicht. Das stimmt absolut nicht. Er hat ihn nicht im Stich gelassen, im Gegenteil, seine Freundschaft mit Apollinaire hat sich in diesem Augenblick noch inniger bekundet.

Picasso wurde nicht angeklagt, aber man ersuchte ihn, sich als Zeuge dem Untersuchungsgericht zur Verfügung zu halten.

Apollinaire, der in die *Santé* gesteckt wurde, konnte nach einigen Tagen wieder heraus, dank seinem Freund, dem Advokaten José Théry, der seine Sache, die sich wohl verteidigen ließ, in die Hand genommen hatte.

Die Angelegenheit endigte mit einer Niederschlagung, da der Richter erklärt hatte, es sei eine Verjährung eingetreten, während sonst offenbar die Verjährung nicht existiert für Delikte dieser Art, die wie Staatsverbrechen behandelt werden.

Nach einer gewissen Zeit konnte die Affäre als erledigt betrachtet werden. Aber noch lange fühlten sich Picasso und Apollinaire von der Polizei überwacht. Picasso ging nur am Abend mit dem Taxi aus und wechselte dieses mehrmals, um die ‚Verfolger' irrezuführen.

Sie hatten sich wie Kinder benommen. Und wie Kinder vergaßen sie rasch ihre Qualen, sobald sie sich sicher fühlten durch die Niederschlagung des Verfahrens. Sie behielten von dieser bewegten Zeit nur eine humoristische Erinnerung.

Viele Freunde Apollinaires gaben während einiger Zeit kein Lebenszeichen mehr von sich. Sie hatten Angst, kompromittiert zu werden. Nur Salmon, André Tudesque und René Dalize unternahmen zahlreiche Schritte und sammelten auch Unterschriften zugunsten ihres Freundes.

André Billy, der damals bei den *Soirées de Paris* war, nahm Guillaume in die Redaktion dieser Revue auf, was diesem sehr nützlich war. Aber außer ihnen, Picasso, Max Jacob und José Théry, der seinen Freund unermüdlich verteidigte, sah der arme Apollinaire in den Tagen der Beunruhigung wenig Menschen. Es war sogar unmöglich, Marie Laurencin dazu zu bringen, ihm, dem sie doch so viel verdankte, ein paar liebevolle Worte des Trostes zu schreiben.

Der Aufstieg

Viele Leute wünschten Picassos Atelier zu besuchen. Österreicher, Spanier, Ungarn, Schweden, Deutsche, Japaner, Chinesen trafen sich bei ihm. Wenig Amerikaner, außer den Steins und einigen ihrer Freunde, die sie zur avantgardistischen Kunst zu ‚bekehren' wünschten. Aber dies wurde ihnen schwer, denn damals war Picasso für die Amerikaner noch nicht genügend ‚arriviert'.

Die Österreicher, die Deutschen, die Schweden, die oft mehr verstandesmäßig als künstlerisch eingestellt waren, schrieben seiner neuen Technik einen tiefen philosophischen Sinn zu, den sie wirklich nie gegehabt hat.

Sie diskutierten manchmal mit dem Künstler, bis er es müde wurde. Übrigens langweilte es ihn immer, wenn man ihn zwingen wollte, sich in Worten auszudrücken.

Sie fanden ihn ‚genial' und sagten es ihm mit einer solchen Übertreibung, daß man sich bisweilen ganz genierte. Ganz anders ein Chinese, der übrigens von Picasso sehr gut aufgenommen wurde. Es amüsierte ihn, wie der Asiate sehr vergnügt im Atelier herumging, schaute und lange studierte, bevor er seine Gedanken aussprach. Nach einigen Besuchen glaubte er verstanden zu haben und fragte Picasso einfach, wie viel Zeit er brauchen werde, bis er malen könne wie dieser.

Picasso war sprachlos, und, wie oft, wenn er nicht wußte was er antworten sollte, brach er in Lachen aus.

Ich habe übrigens beobachtet, daß Picasso nur geistreich war, wenn er selber angriff. Sobald er sich überrascht fühlte, war er verlegen und wußte nichts zu sagen.

Er war auf eine originelle und pikante Art geistreich, die man nur ertrug, wenn man ihn gut kannte. Seine Freunde, besonders Apollinaire und Max Jacob, liebten übrigens diese oft grausame Witzigkeit und hatten solchen Spaß daran, daß sie Picasso erst recht anregten.

Ich erinnere mich, daß Picasso einmal durch den Maler Alfred Lombard im *Lapin à Gill* René Fauchois vorgestellt wurde, der eben seinen ‚Beethoven' veröffentlicht hatte.

«Ah! Monsieur Fauchois, sehr erfreut. Nicht wahr, Sie haben ein Buch über Arthur Meyer ...... beer geschrieben?»

Picasso war übrigens kein Antisemit; aber er hatte der Versuchung, einen Witz zu machen, nicht widerstehen können.

Er liebte es, einen Geist an den Tag zu legen, der sich schlimmer zeigte, als seine Natur im Grunde war. Ich glaube, er hat sich deshalb daran gewöhnt, boshaft zu sein. Er war nicht hochherzig, und wenn seine Freunde nicht wagten, es ihm zu sagen, so dachten sie es doch und machten sich darüber lustig.

Aber warum Picasso einen Fehler vorwerfen, der in der *Bande* ziemlich allgemein war? Denn außer Max Jacob, wo waren die ‚Edlen', die Hilfreichen?

Die Zeit war vorbei, wo Männer wie Paco Durio sich mit Freude einschränkten, um einem Freund zu helfen, daß dieser etwas unbeschwerter arbeiten konnte.

Zwar stand der Tisch Picassos immer noch für alle bereit. Aber man amüsierte sich nicht mehr wie früher über jede Kleinigkeit.

Es war schon trübseliger, geordneter, gezwungener, außer an den Tagen, wo Max Jacob und Olin als ‚intime Feinde', die sie immer gewesen waren, sich in geistreichen Witzen lachende Wahrheiten an den Kopf warfen.

Bisweilen packte sie die Wut. Sie wurden zornig, zum großen Schaden der Gläser, deren Inhalt sie einander ins Gesicht schleuderten. Aber der Zorn legte sich schnell, und der geistige Zweikampf fing wieder an.

Picassos Speisezimmer am *Boulevard de Clichy* war ziemlich klein, aber sehr freundlich mit seinen zwei Fenstern, die sich gegen die Bäume der *Avenue Frochot* öffneten. Das alte Buffet aus Kirschbaumholz nahm die ganze Breite einer Seitenwand ein, und bei Sonnenschein schien die Sonne selber im Zimmer zu sein, wenn sie sich in dem warmen Ton des alten Kirschbaumholzes spiegelte. Sie beleuchtete die kleine Mahagoni-Orgel, auf der niemand spielen konnte; aber alle probierten ihre Künste, um den Weihrauchgeruch einzuatmen, der ausströmte, wenn man den Blasebalg in Bewegung setzte. In allen Ecken standen Möbel, ebenfalls aus Mahagoni, auf denen Dinge aus Kupfer und Zinn und *Fayencen* aufgestellt waren, die man bei den Trödlern der *Butte* gefunden hatte.

Man konnte keine zerbrechlichen Dinge aufstellen, als Picasso die Meerkatze hatte, die sich einen Spaß daraus machte, alles auf den Boden zu schmeißen, was sie erwischen konnte.

Der große, ovale Tisch, gleichfalls aus Mahagoni, nahm zu viel Platz ein auf Kosten der Tischgenossen, die oft beengt waren, wenn es ihrer mehr als vier oder fünf waren. Trotz der Fröhlichkeit, der intimen Atmosphäre, dem Schreien und Lachen, den Diskussionen, trotzdem Apollinaire dort oft seine Gedichte rezitierte und seine Artikel vorlas, trotz Maxens Phantasie und der majestätischen Figur von Gertrude Stein oder des bärtigen Van Dongen, dieser großen Hoffnung der mondänen Welt, trotz dem weisen, ehrfurchtheischenden Gehaben von Matisse, dem etwas vulgären Gelächter von Braque, der reizlosen Verrücktheit Olins, der Ideen Salmons, trotz Picassos beißendem Witz, der für einen Augenblick ein Gesicht erhellte, das sonst von den Sorgen der Malerei verdunkelt war, trotz der Jugend, die noch alle diese Menschen belebte, spürte ich doch schon ein gewisses verfrühtes Altern, ein unerbittliches Hinwelken der Freundschaft, bisweilen eine ungewohnte, rasch wieder unterdrückte Bitterkeit, einen Überdruß, jeden Tag die gleichen Menschen zu sehen, mit ihnen die gleichen Ideen wiederzukäuen, die gleichen Talente zu kritisieren, die gleichen Erfolge zu beneiden.

So hat ein verborgen wirkender Zerfall freilich sehr langsam zu dem jetzigen Riß geführt, den alle diese einst so freundschaftlich verbundenen Künstler vergeblich zu verdecken suchen.

Im Lapin à Gill

Im Sommer verbrachte man den Abend nach dem Nachtessen oft im *Lapin à Gill*, als er noch nicht die traurige Bude der Snobs war wie heute, und als der Besitzer Frédé der beste Freund der Künstler zu sein schien.

Ich sage ‚schien', denn seither ist er fast ihr Feind geworden. Er findet sie ‚unerwünscht'. Er sieht nur noch die arrivierten Künstler gerne, jene, die seinen Ruf gemacht haben, und er reserviert im übrigen den Platz lieber für die Amerikaner und die Nordländer, die seit dem Krieg in Scharen kommen.

Obgleich die meisten kein Wort Französisch verstehen, sitzen sie in diesem Raum, der im Sommer zu einem Backofen wird, wo man vor Rauch seinen nächsten Nachbar nicht sieht und wo die Stimmen der Künstler kaum durch den Nebel dringen in diesem Saal, der für achtzig Personen gedacht ist und in welchem sich manchmal mehr als hundertfünfzig aufhalten. Die Fenster kann man nicht öffnen, weil
 sonst die Chansons übertönt werden durch den Lärm der Autos, die

diese reizenden, früher so stillen Sträßchen von *Saint-Vincent* und *Des Saules* hinaufrattern. Aber das ist der *Lapin* von heute. Ich kehre zu jenem zurück, an den ich mich lieber erinnere.

In jener schon fernen Zeit traf man dort nur Künstler, Maler. Picasso, Braque, Derain, Alfred Lombard, Girieud, bisweilen Matisse, wenn er auf der *Butte* einen Freund treffen wollte, Van Dongen, wenn die *Moulin de la Galette* ihm dazu Zeit ließ. Zeichner: Falke, Depaquit, Poulbot, Sauvayre, Gassier, dessen südliches Temperament uns amüsierte. Bildhauer, Musiker, zum Beispiel Gabriel Fabre. Schauspieler: Olin, Baur und Dullin, der Ronsard oder Villon rezitierte und nie und niemanden ermüdete. Schriftsteller: Carco, der lebhafte, fröhliche Dorgelès, Mario Meunier, Fauchois, Jean Pellerin, Salmon, der gegenüber wohnte, Mac Orlan, der der Schwiegersohn von Frédé wurde, Max Jacob, Apollinaire. Alles vereinigte sich auf der angenehmen Terrasse, überschattet von einem alten Baum, in welchem Frédés Affe frei herumkletterte.

Auch im Winter kam man bisweilen hieher, aber dann hielt man sich in diesem stets dunklen Saal auf, wo ein Christus aus Gips von Wasselet mit schützendem Mitleid diese junge Gesellschaft modernen Bettelvolkes zu beobachten schien.

An der Wand brachte ein Picasso eine lebhafte Note von Gelb und Rot in die Dunkelheit, eine Szene in der Art von Toulouse-Lautrec. Lange blieb das Bild an seinem Platz an der Wand; aber eines Tages verschwand es, einem Angebot anheimfallend. Frédé, der damals noch nicht in der Fülle lebte wie heute, gab es für ein paar Banknoten weg. Es fehlte ihm das *Flair*, dessen er sich so sehr rühmte, sonst hätte er sich diese Gelegenheit zu einem Bombengeschäft nicht entgehen lassen.

In einem kleinen Saal im Untergeschoß kann man noch zwei Utrillo sehen, die damals schon da waren. Eines ist eine der sehr schönen, kahlen Landschaften, an die er uns gewöhnt hat; das andere, ein Bild des *Lapin à Gill*, ist weniger bedeutend. Zu jener Zeit tauschte Utrillo gerne eine Studie gegen eine Mahlzeit, und viele Schankwirte im Montmartre haben davon zu profitieren verstanden.

In diesem Raum hingen auch Zeichnungen von Poulbot, von Suzanne Valadon, zusammen mit mittelmässigen, um nicht zu sagen wertlosen Arbeiten. Aber all dies schuf eine besondere Atmosphäre, in der sich die Künstler gerne aufhielten.

Während einiger Jahre feierte man auch im *Lapin à Gill* den Abschluß der *Vernissagen*.

Frédés Frau, die Burgunderin Berthe, die so gut ihr Glas zu leeren verstand auf das Wohl ihrer Heimat und der Künstler, war eine bewundernswerte Köchin. Sie bereitete das kräftige Nachtessen zum bescheidenen Preis von zwei Franken, samt Wein *à discrétion*.

Man hat sich gut amüsiert im *Lapin à Gill*, und wenn Carco, auf einem Tisch hockend, als fideler Sänger seine *caf'-conc'-refrains* zum besten gab, war das Fest vollkommen. Aber alles hat ein Ende. Dies hörte etwa im Jahre 1912 auf, wenn ich mich richtig erinnere. Auf alle Fälle sind es diese Erinnerungen, die das Glück dieses Cabarets gemacht haben und noch heute machen.

Zuerst ging man dorthin, um die versprochenen Mörder zu sehen, denn das erste Aushängeschild lautete *Au Cabaret des Assassins*, das eines Tages, als der Zeichner Gill das Haus erworben hatte, umgewandelt wurde in *Au Lapin à Gill*, und heute heißt es *Le Lapin agile*.

Später ging man hin, um die Künstler zu sehen.

Als es keine Künstler mehr dort hatte, ging man hin, um Frédé mit dem weißen Bart, den Vater der Künstler, zu sehen. Heute geht man hin, weil es für den Fremden nicht üblich ist, Paris wieder zu verlassen, ohne dieses Cabaret besucht zu haben.

Die Händler machen Geschäfte

Die Preise für die Bilder stiegen von Tag zu Tag. Die Sache wurde zu einer Spekulation für die Händler und auch für gewisse Maler, die den Verkauf ihrer Bilder im Versteigerungsgebäude genau verfolgten, die Preise hinauftrieben und bereit waren, ihre Werke selber wieder zu erwerben. Die Händler konnten ihre ‚Füllen' schon nicht mehr frei lassen und mußten nach und nach den Forderungen der Maler nachgeben, die immer beträchtlicher wurden.

Die Magazine füllten sich mit Bildern von Picasso, Derain, Vlaminck, Van Dongen, Braque, und die Händler gaben sie nur langsam ab, immer auf den günstigen Augenblick wartend.

 Sagot verschwand in dem Augenblick, als er seine früheren Erwer-

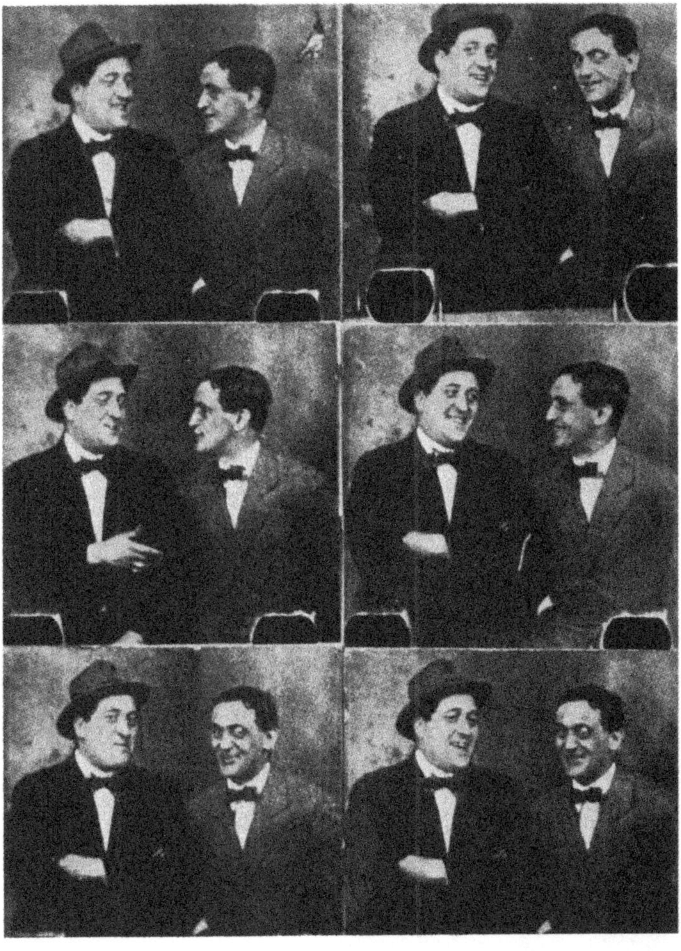

Bisher unveröffentlichter Filmstreifen mit Guillaume Apollinaire (mit Hut) und seinem Freund André Rouveyre

Picasso in seinem Atelier, 11, Boulevard de Clichy, das er von 1909 bis 1912 bewohnte

Die Familie Van Dongen im Jahre 1907

Picasso im Jahre 1912

Max Jacob und sein Freund Roger Karl

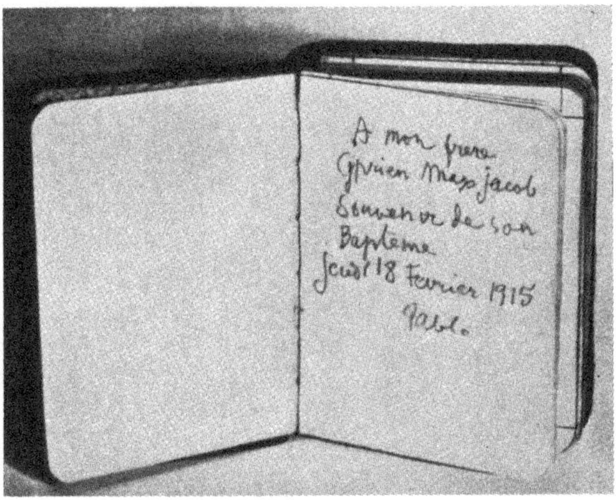

Die Nachfolge Christi, die Max Jacob am Tag seiner Taufe von seinem Taufpaten Picasso geschenkt bekam. 1915

Juan Gris: Kubistisches Bildnis von Picasso. Öl. 1912

(unten links) Picasso: Kubistisches Bildnis von Wilhelm Uhde. Öl. 1910

(unten rechts) Picasso: Ambroise Vollard. Reißbleizeichnung. 1915

bungen zu unerwarteten Preisen verkaufen konnte; der Tod hinderte ihn, davon zu profitieren. Aber Vollard, Druet, Bernheim, Hessel konnten sich nicht beklagen. Ich weiß, zu welchen Preisen sie die meisten der allerschönsten Werke dieser Künstler bekommen haben.

Vollard hatte Bilder von Gauguin, Van Gogh und später von Cézanne und Renoir gekauft und von andern, die nicht so hoch gestiegen sind. Aber Vollard, der eines Tages an Van Gogh zu zweifeln begann, verkaufte dessen Bilder um ziemlich wenig Geld an Druet, der damals an der *Place Beauvau* installiert war. Druet hatte in der Künstlerwelt als Kunstphotograph angefangen, und er hat sehr schöne Reproduktionen der bekanntesten Gemälde zustande gebracht. Es ist allgemein bekannt, daß er zuerst Weinhändler war. Seine Witterung für Van Gogh erwies sich als richtig, und damit begann sein Glück. Er verkaufte die Bilder zu Preisen, die für jene Zeit unwahrscheinlich waren.

Das war ein schönes Beispiel für das beim Kunsthandel so nützliche *Flair*. Die Händler profitierten damals so viel von den Malern, daß diese, wenn sie einigermaßen ‚arriviert' waren und, wie Derain oder Picasso, noch keine Kontrakte unterschrieben hatten, günstige Abkommen treffen konnten.

Wenn ein Maler bei einem Kunsthändler ausstellte und die Miete für den Saal nicht bezahlen konnte, erklärte sich der Händler bereit, als Zahlung ein, zwei oder drei Bilder zu nehmen, und natürlich waren es immer ‚verkaufte' Bilder, die er auswählte, und ich glaube, dies war die Hauptursache des Zerwürfnisses zwischen Van Dongen und Druet.

Van Dongen war auch ‚gestiegen'. Er wohnte nun an der *Rue Denfert-Rochereau*, nachdem er die *Rue Saulnier* verlassen, wo er zur Zeit seiner ersten ägyptischen Reise noch gewohnt hatte. Im Atelier an der *Rue Saulnier* hatte er seine Bogenlampe installieren lassen, von der man schon beim Eintreten geblendet war, die aber auf günstige Weise seine damaligen Bilder bestrahlte und wunderbar zur Geltung brachte. Es war die Epoche des Ultramarinblau auf einem Hintergrund von Zinnoberrot, wo alle Figuren von einem hellen Lichtkreis umgeben waren.

Er versuchte schon damals, sich bekannt zu machen. Aber erst an der *Rue Denfert-Rochereau* ist er zum *peintre à la mode* geworden und ist es seither geblieben. Er hatte dort in einem alten Haus im Erdgeschoß ein großes Bildhaueratelier, das er mit der ihm eigenen Phantasie zu etwas Besonderem gestaltete.

Eine Abendgesellschaft bei Van Dongen

An einem Abend des Jahres 1914, kurz vor Kriegsausbruch, waren wir alle bei Van Dongen zu einem großen Ball eingeladen.

Illumination, schillernde Stoffe kunstvoll drapiert an den Wänden, an der Galerie, auf dem Hängeboden, den sie verdeckten. Lebhafte Farben, Bewegung, Geplauder, eine etwas gekünstelte Fröhlichkeit, Geheimnis der dunklen Ecken, wo man in Bergen von Kissen eingewühlte Körper vermutete.

Ein arabischer Diener, den Van Dongen von seiner letzten Reise mitgebracht hatte, empfing die Gäste, ohne sich vom Platze zu rühren. Er kauerte mit gekreuzten Beinen auf einem Teppich.

Van Dongen sucht vor allem den Effekt, die Überraschung, sowohl im Leben als in seinen Werken. Bisweilen hat er Erfolg.

Er war auf alle Fälle ziemlich stolz auf seinen ‚Sklaven'; nur führte uns seine Pseudo-Originalität allzu sehr in die Zeit der Romantik zurück.

Dieser Kostümball führte eine Anzahl Künstler und Berühmtheiten der Pariser Gesellschaft zusammen. Es ist in Paris so leicht, *à la page* zu erscheinen. Man traf hier viele reizende und originelle Frauen und solche, die es zu sein glaubten.

Lucie Delarue-Mardrus, banal kostümiert, nahm auf ebenso banale Weise Komplimente entgegen.

Madame Doyen, in einem goldenen Trikot, reizend, ätherisch, gab sich restlos aus, damit man sie ja nicht übersah, was aber mit ihrem rotgolden schimmernden Panzer unmöglich gewesen wäre.

Madame Paul Poiret als Bacchantin mit einer Tunika von vierzig Zentimeter Länge, die sie kaum bedeckte, war anmutig wie immer.

Madame Van Dongen hatte versucht, ein Bild ihres Gatten darzustellen, die Studie einer Frau im Badekostüm am Meeresstrand. Es ist sicher das beste Bild Van Dongens, das seine Frau an diesem Abend verwirklichte. Groß, mit sehr schöner Figur, brachte ihr schwarzes Trikot die grüne und malvenfarbene Schminke glänzend zur Geltung und unterstrich die Schatten der Haut, ohne die Natur zu beeinträchtigen. Sie hatte Erfolg.

Jacqueline Marval als *Précieuse ridicule* saß den ganzen Abend auf einem sehr niedrigen Fauteuil, und ihre Beine bildeten zierliche Bogen,

GRAND CAFÉ DE CÉRET
(Pyr.-Or.)

Michel Justafré

Le 8 Aout 1911

Ma chere Fernande
ijer de toute la journé je ne ai pas eu de letre de toi et ce matin que je l'atendais non plus esperons que cete apres midi je serai plus eureux.

Dans une letre que j'ai reçois ce matin de Braque je vois que Ko est arrivé deja a Paris alors je espere que dans tres peu de jours vous serez ici

Il fait ici un peu plus frais et le soir ont ~~et~~ bien de chaleur

Ne te preocupe trop pour l'argent ont va s'arrangera.

Prenez le train que je ai pris il est le meilleur Maintenant je crois que tu vas venir bientot. Braque me dit que la semaine prochaine vous arriverez ici

Ma famille sont à Mahon depuis quelque temps déjà

Tu ferais bien de porter ton ombrelle si tu veux sortir dans la journé.

Le singe il est assez rigolo ont le a doné une couvercle de une boite en fer blanc et il passe sa journé à se regarder il est très inteligent

Le travail marche toujour je travail toujour à les mêmes choses.

Je te embrasse et t'aime
toujours Pablo

Brief von Picasso an Fernande Olivier aus Céret. 1911

die sich zusammenschlossen in den Spitzen ihrer Schuhe mit den zu hohen Absätzen.

Außer Poiret und Van Dongen taten sich die Herren wenig hervor. Poiret als Bacchus hatte einen vergoldeten Bart, von dem er auch in seinen Memoiren spricht. Man könnte davon den Beweis ableiten, daß er bei vielen Gelegenheiten das Gold mißbraucht hat.

Van Dongen machte sich den Spaß, das Kostüm mehrmals zu wechseln. Er erschien als Teufel (rotes Trikot), dann als Araber, dann ... ich weiß nicht mehr als was. Ich erinnere mich besonders an ihn als an einen großen Teufel mit verrenkten Gliedern, die sich ständig bewegten.

Flandrin war da und eine Menge Künstler. Es waren auch Mediziner dabei und viele *Bourgeois*. Es kamen Herren und Damen der Gesellschaft und immer mehr und mehr, und sie hatten die größte Mühe, überhaupt ins Atelier hineinzugelangen.

Man tanzte, man trank, man aß, man gruppierte sich in den Ecken. Bisweilen drang vom Hängeboden herunter, der in ein Zimmer verwandelt worden war, das erregte Lachen eines dorthin verirrten Paares. Es gab Photographen und Magnesium. Und der Araber amüsierte sich gegen Ende der Nacht mehr als alle andern. Es gab verschiedene Geräusche, einige Streitigkeiten zwischen Verliebten, das unterdrückte Gähnen aller Alleingänger. Es gab alles, nur nicht die Natürlichkeit.

In Céret

Bei Picasso, bei Apollinaire, bei den andern gab es nie solche Feste. Der Kreis wurde immer geschlossener und war rein geistiger Art. Picasso war wütend, wenn er Bilder verkaufen mußte, bevor sie – nach seiner Ansicht – vollendet waren. Aber er verkaufte, denn trotz allem hatte man oft Geld nötig.

Er arbeitete im Winter in Paris, im Sommer in Spanien oder in *Céret*. Ich glaube, er verdankt es Manolo, daß er *Céret* in den östlichen Pyrenäen entdeckt hat, und er zog alle seine Freunde dorthin.

Im Sommer war *Céret* von den Künstlern der *Bande Picasso* bevölkert, so wie die *Provence* und *Cassis* von der *Bande Friesz*, *Marquet* und so weiter. Matisse ging damals nach *Collioure*, der Heimat seiner Frau, nicht weit von *Céret*.

Man erinnert sich an die Bilder von *Collioure*, weiß, blau, golden, die er vor so langer Zeit ausgestellt hat. Vielleicht hat er von damals diese leichte, luftige Atmosphäre, die man immer in seinen Bildern findet.

In *Céret* lebte Picasso wie in Spanien; er arbeitete den ganzen Tag und ging am Abend ins *Café* oder zu Manolo oder Haviland, die hier ihre Häuser hatten. Er hatte den ersten Stock eines großen Hauses in einem riesigen Park gemietet; drei oder vier große Räume, von denen einer ihm als Atelier diente.

Einmal kam Braque mit. Im Jahr zuvor war Derain auf Besuch gekommen nach *Cadaquès*, einem kleinen, katalanischen Fischerhafen, wo Picasso seine Ferien verbrachte.

Picasso und Derain gingen einmal miteinander nach Barcelona, wo sie in Gesellschaft ihrer Frauen viel von einem einfachen Weißwein tranken, den Derain ganz besonders schätzte. Er hatte auch eine Vorliebe für eine Kneipe nahe dem Hafen, wo man Schinken *à discrétion* servierte, aber gehörig gesalzen, um den Essenden den Durst stets rege zu erhalten. Dort machten sie eines Abends ein bißchen Skandal.

Ich erinnere mich auch an einen Ausflug ähnlicher Art nach *Figueras* an einem Markttag, wo Derain nichts so interessant fand wie die grellfarbige Krawatte von überraschender Wirkung, die er kaufte und die eine Zeitlang seine Wonne ausmachte.

In Barcelona

In *Barcelona* erwachten in Picasso, wie ich schon gesagt hatte, alle guten Geister. Er war zu Hause, er freute sich, seinen Freunden zu zeigen, wie sich dort das Leben abspielt, worin es sich vom Leben in Paris unterscheidet. Man lebt bei Nacht. Ich habe ihn in Barcelona nie arbeiten sehen. Er hatte dort seine Angehörigen, aber er widmete ihnen möglichst wenig Zeit.

Er aß bei seinen Eltern zu Mittag und traf gegen drei Uhr seine

Freunde. Dann rückte man aus. Picasso ging gerne auf den *Tibidabo*, einen Hügel, der Barcelona überragt und von dem man einen vollkommenen Rundblick genießt.

Er besuchte auch Gargallo, den Bildhauer, der damals sehr arm war und dessen Atelier, wenn ich mich recht erinnere, ein Kellerraum war.

Gargallo hat sich nicht verändert, weder äußerlich noch geistig. Er ist der tüchtige Künstler geblieben, der er früher war, mit all seinen Talenten, die gehalten haben, was sie versprachen. Gargallo erfreute uns mit seinen köstlichen, gesalzenen aragonischen Geschichten, die so unvorhergesehene Wendungen nahmen. Er hat immer noch das gleiche offene, fröhliche Gesicht, und man sieht ihm seine Jahre nicht an.

Picasso sah mit achtzehn Jahren körperlich etwa so aus wie heute; als jung schien er vorzeitig gealtert, was ihn offenbar davor bewahrt hat, wirklich zu altern.

In Barcelona besuchte er auch einen andern Bildhauer, Casanova, der in Spanien bekannter ist als in Paris, wo er sich selten aufgehalten hat. Sein Talent hätte sich vielleicht in Frankreich noch besser entwickelt.

Angel de Soto hat sich in Spanien einen Namen gemacht, wohin er endgültig zurückgekehrt ist, nachdem er seine Jugendjahre, seine *Bohème*-Zeit in Paris, nicht weit von Picasso, verbracht hatte. In Paris machte Soto, der immer hungrig zu sein schien, gewöhnlich zur Mittagszeit seinen Kehr bei der spanischen Kolonie, die ihm zu einem Mittagessen verhalf. Ich glaube, Picasso liebte ihn mehr als viele andere, vielleicht wegen seiner körperlichen Schwäche; er war klein, schmal, blaß, unansehnlich, sprach das Französisch aus ‚wie eine spanische Kuh', meinte einer unserer Freunde. Er sagte *cu* statt *cou* und *pouce* statt *puce*. Ich habe ihn nie umsonst bei seinem Freund Picasso anklopfen hören.

Was die französische Aussprache gewisser Spanier betrifft, möchte ich noch den Bildhauer Paco Durio erwähnen, der, als er die Büste einer strengen älteren Dame machte, diese ersuchte, *de tourner le cu* statt *le cou*. Die Dame soll sehr böse geworden sein.

Auch Picasso hatte nie seinen starken Akzent verloren. Er kannte nicht die *pâtisseries*, er nannte sie *gâtonneries*, wegen der *gâteaux*, sagte er. Er sagte auch *on va se nous leber* statt *on va se lever*, oder *on se en ba* statt *on s'en va*, oder *je biens* statt *je viens* und *bolontièrement* statt *volontiers*, wie übrigens die meisten Spanier, die ich gekannt habe.

Céret hat Picasso gefallen. Er verbrachte nun gerne seine Ferien dort und vernachlässigte Spanien.

Marinetti und die Futuristen

Zu dieser Zeit, in einem Winter, nach der Rückkehr von *Céret*, fielen die italienischen Futuristen in *Montmartre* ein, angeführt durch Marinetti, in den sich Apollinaire vernarrt hatte. Sie kamen natürlich zu Picasso. Severini wie auch Boccioni, der im Krieg starb, waren exaltierte Menschen, die von einem Futurismus träumten, der den Kubismus entthrone. Sie sparten nicht mit Glaubensbekenntnissen und setzten sie ins beste Licht. Sie versuchten es mit seltsamen Manieren, um sich wenigstens äußerlich hervorzutun und Aufsehen zu erregen. Aber ihre Ideen waren nicht viel wert. Oft machten sie sich lächerlich. Boccioni und Severini, die an der Spitze der Maler standen, hatten eine futuristische Mode geschaffen, die darin bestand, zwei Socken von verschiedenen Farben zu tragen, die aber zur Krawatte paßten. Damit man dies im *Café de l'Ermitage*, das ihr Sitz geworden war, seit Picasso am *Boulevard de Clichy* wohnte, gut sehe, zogen sie die Hosen hoch hinauf und entblößten zwei Beine, ein grünes und ein rotes, die aus den Schuhen herausguckten. Am nächsten Tag hatte das Rot dem Gelb und das Grün dem Violett Platz gemacht, aber im allgemeinen mußten es Komplementärfarben sein. Ich glaube, sie hielten diese Erfindung für genial.

Soffici war mit Marinetti zusammen der Apostel des literarischen Futurismus und, wie jener, unerschöpflich, sobald man sich für seine Ideen zu interessieren schien. Ich erinnere mich, daß ich mit Apollinaire und Picasso eine ganze Nacht bei Marinetti zugebracht habe in dem Hotelzimmer, das er in der Nähe der *Place Pigalle* bewohnte. Der Tag brach an, und wir hatten zehn Stunden lang, übrigens ohne uns zu langweilen, dem unermüdlich Sprechenden zugehört.

Alle diese italienischen Maler, die hieher gekommen waren, um berühmt zu werden, sind übrigens wieder verschwunden. Die meisten sind in ihre Heimat zurückgekehrt, außer Severini, der die Tochter von

 Paul Fort heiratete und der nicht so viel Erfolg hatte, wie er es sich wünschte. Ich traf ihn neulich im *Jardin du Luxembourg* zwischen seiner Frau, seiner Schwiegermutter, seiner Enkelin und einem Kinderwagen. Was ist geblieben von seinen Plänen vom Jahre 1911?

Die ‚Ermitage' am Boulevard Rochechouart

Zu dieser Zeit waren die meisten jungen Maler, die *Bohémiens*, von denen ich erzählt habe, schon anerkannte Künstler, und das *Café de l'Ermitage* hat erst die Ehre gehabt, sie zu empfangen, als sie schon beinahe arriviert waren.

Es gab viel Lärm im *Café de l'Ermitage* in den Jahren 1910, 1911 und 1912. Seltsame und beunruhigende Gestalten beobachteten die Künstlergesellschaften, die ihre Ecke im rechten Flügel des *Cafés* hatten, etwas entfernt vom Orchester, das sie langweilte, obwohl der Kapellmeister, der ein guter Violinist war, ausgezeichnete Musik machte und speziell für sie spielte.

Wenn der arme Kapellmeister in dieser Beziehung noch Illusionen hat, so möge er sie nun begraben: nie hat einer von den Künstlern zugehört. Zweifellos wäre es anders gewesen, wenn er Negermusik gemacht hätte, die aber damals noch unbekannt war.

Braque liebte nur die Handharmonika, Picasso nur die Gitarre. Mac Orlan liebte außer der Handharmonika besonders das Jagdhorn.

Derain liebte das Klavier, das Spinett, die Flöte, die Negerinstrumente, das Grammophon für arabische und chinesische Schallplatten – alles, was die Musik Fremdartiges, Neues, noch nie Gehörtes brachte. Ich glaube, eine Zeit lang versuchte er selber, primitive Musikinstrumente herzustellen. Er hat immer Sinn gehabt für Erfindungen. Wie oft haben wir ihn in seinem Atelier an der *Rue de Tourlaque* vorgefunden, wie er versuchte, kleine Flugzeuge aus Karton oder Papier, die er konstruiert hatte, zum Fliegen zu bringen!

Für die große Musik waren sie wohl damals wenig empfänglich.

In der *Ermitage* fand sich bisweilen auch Marie Laurencin bei uns ein, wenn sie von ihrer Mutter die Erlaubnis bekommen hatte, bis zehn Uhr auszugehen. Sie ließ sich nie verlocken und ging immer beizeiten nachhause als brave Kleinbürgerin, die sie stets geblieben ist.

Da waren auch Olin, Max Jacob, Severini, Boccioni, bisweilen der ‚arme Basler', Markous, der sich in Marcoussis verwandelt hatte und dessen Liebeskummer, durch Picasso verursacht, die humoristische Chronik mit Stoff versah. Markous war vor allem ein geistreicher Mensch und gestaltete aus diesem Erlebnis eine Zeichnung für die *Vie Parisienne*. Ich glaube, sie noch vor mir zu sehen: ein glücklicher, hüpfender Markous, der einem schwer geketteten Picasso nachschaut.

In die *Ermitage* kam auch Edouard Gazanion, der an ähnlichen Dingen krankte wie Markous, sich aber doch nicht mit Jean Pellerin, dem allzu früh verstorbenen Dichter, überwarf. Da waren auch Metzinger, Gris, Vaillant, Lombard, Mario Meunier, Serge Férat, seine Schwester, die Baronin d'Öttingen und viele, viele andere, die ich nicht alle aufzählen kann.

Der richtige Name von Serge Férat war so kompliziert, daß Picasso ihn nie anders nannte als Serge Apostroph.

Seine Schwester, ‚die Baronin', so nannte man sie, war die originellste, die phantasiereichste Frau, die es je gab. Sie kam daher, in Hermelin und Gold gekleidet, ein bißchen posierend, wie Carco gesagt hätte, aber so kindlich-gutmütig, so amüsant, wenn sie nicht gar zu sehr übertrieb. Sie entzückte uns alle. Sie war übrigens hübsch, fein und vornehm.

Habe ich schon gesagt, daß Apollinaire einige Zeit, nachdem er die berühmte Baronin kennen gelernt hatte, für eine Woche verschwand.

Man fand ihn bei ihr am *Boulevard Berthier*, wo sie eine kleine Villa bewohnte. Er sagte lachend, sie habe ihn in ein so angenehmes Gefängnis eingesperrt, daß er bedauerte, daß es nicht fürs ganze Leben war. Er hatte ihr seine Werke vorlesen und Verse für sie machen müssen, und so weiter.

Kurz, sie hatte sich einen geistigen Spaziergang geleistet. Sie schrieb, sie malte. Sie war Kubistin wie ihr Bruder, und dann hat sie sich wohl zum Futurismus bekehrt durch Soffici, mit dem man sie immer antraf.

Die *Ermitage* zählte zu ihren Gästen auch einige Boxer, darunter Sam Mac Vea, der wegen einer gewissen Ähnlichkeit mit Braque unsere Aufmerksamkeit erregte.

Man saß dort nahe beisammen, ohne miteinander zu sprechen, ohne sich zu grüßen, und jede Gruppe hatte ihren angestammten Platz.

 Junge Leute, die aus einem Roman von Carco entsprungen schienen, warteten hier auf ihre Frauen, die sich bisweilen von einem Künstler verführen ließen, was ihnen ziemlich grobe Verweise ihrer Männer eintrug.

Es gab hie und da Streitigkeiten, und es war hier auch das einzige Mal, daß Braque und ich erlebten, wie Picasso sich über einen Gast, der ihn etwas grob angestoßen hatte, so sehr ärgerte, daß er ihm einen ‚Kinnhaken' versetzte. Wir waren ganz überrascht, bestürzt, und Braque beeilte sich, die Kämpfenden zu trennen, zum großen Bedauern von Picassos Gegner. An diesem Tag erfocht Picasso einen Sieg, auf den er nicht wenig stolz war. Ich muß noch hinzufügen, daß er eifrig alle Boxkämpfe besuchte.

Der Neger und die Photographie

Deniker brachte eines Tages einen Forscher zu Picasso, einen Marineoffizier, der das Atelier besuchte und der uns erzählte, er habe einmal bei Eingeborenen, die zu ihrem Vergnügen Figuren schnitzten, feststellen wollen, wie sie auf eine Photographie reagierten, was für sie etwas Neues war.

Er hielt ihnen eine Photo von sich selber in Uniform vor die Augen. Ein Neger nahm sie, drehte sie um, drehte sie nach allen Seiten und gab sie zurück, ohne begriffen zu haben, was dies sei. Der Forscher bemühte sich, ihm zu erklären, daß es sein Bild sei.

Er lachte ungläubig, nahm ein Papier und einen Bleistift und begann, das Porträt des Offiziers zu zeichnen.

Er zeichnete auf seine Weise, den Kopf, den Körper, die Beine, die Arme, im Stil der Negergötzenbilder und hielt dem Offizier das Bild hin. Aber nachdem er jenen noch einmal aufmerksam betrachtet hatte, nahm er die Zeichnung wieder zurück, um noch die glänzenden Uniformknöpfe beizufügen, die er vergessen hatte.

Aber das Lustige daran war, daß er es nicht nötig fand, die Knöpfe an ihren richtigen Platz zu setzen; er umgab die ganze Figur damit! Das gleiche machte er mit den Galons, die er neben den Armen und über dem Kopf anbrachte. Unnötig zu sagen, wie diese Sache kommentiert wurde: nachher sah man viele seltsame Dinge in den Male-

Suzanne Valadon: Selbstbildnis. Federzeichnung. 1894

reien der Kubisten ... In dieser Zeit fing Picasso an, seinen Bildern Stücke von Zeitungen, von Spiegelglas, von verschiedenen Materialien beizufügen. Er hatte auch schon Namen, Buchstaben gemalt.

Der einzige Mensch, den ich klar und einfach über den Kubismus urteilen hörte, war Erik Satie. Aber das war viel später, denn ich habe Satie erst einige Jahre vor seinem Tod kennen gelernt.

Ich glaube, er allein, wenn er über den Kubismus geschrieben hätte, hätte ihn leicht verständlich machen können, aber ohne Zweifel auf eine Art, die die daran interessierten Künstler nicht anerkannt hätten. Es wäre zu klar gewesen! Wenn Basler diese Epoche behandelt, ist er nicht immer aufrichtig, und sein Buch ist durchwirkt von irrtümlichen Erinnerungen, die eine Bitterkeit durchblicken lassen, die er nicht immer verbergen kann. Er ist hart, ungerecht gegen gewisse Maler, liebenswürdig gegenüber den Händlern – das ist seine Funktion. Aber er geht oft an dem vorbei, was er sagen sollte, wenn er ganz aufrichtig wäre. Man darf in gewissen Fällen nicht nur intelligent und parteiisch sein.

Ich will Manolo noch einmal erwähnen, den ich etwas vernachlässigt habe. Er lebte seit einigen Jahren in *Céret* und arbeitete tüchtig. Ich habe schon gesagt, daß er durch die Vermittlung Picassos einen Vertrag mit Kahnweiler bekommen hatte, dem er regelmäßig kleine Figuren schickte, die von großer, naiver, malerischer Frische waren.

Ich glaube, seine Wertschätzung für Maillol und für die besondere Art von Paco Durio während dessen Bildhauerzeit haben ihm einen starken Eindruck hinterlassen. Doch er zog daraus auf eine Weise Gewinn, die sein Persönliches so stark zur Geltung kommen ließ, daß man oft die Quelle darüber vergaß.

Ich habe oft kleine Bäuerinnen-Figuren von ihm bei Jean Van Dongen, dem Keramiker, einem Bruder des Malers, gesehen, der von Kahnweiler beauftragt war, sie in seinem Ofen zu brennen.

Der älteste Montmartre

Es bleibt in *Montmartre*, nachdem man das Häuschen von Berlioz an der *Rue du Mont-Cenis* abgebrochen hat, noch ein letzter berühmter Wohnsitz; es hat viele Künstler aller Art beherbergt, das Haus Nr. 12 an der *Rue Cortot*.

Friesz und Dufy haben zuerst dort gewohnt, zur Zeit als Emile Bernard, André Antoine und der Schriftsteller Léon Bloy ebenfalls dort lebten. Später haben Reverdy und Suzanne Valadon ihre Zelte hier aufgeschlagen, und auch Utrillo ließ sich hier nieder. Man konnte ihn oft hinter einem vergitterten Fenster zeichnen sehen, und er machte sich einen Spaß daraus, Papier und alle möglichen Dinge hinauszuwerfen, die durch die Löcher des Gitters hindurchgingen. Der Radierer Galanis wohnt immer noch dort.

André Antoine kam – es ist sehr lange her – ziemlich unregelmäßig dorthin und immer für geheimnisvolle galante *Rendez-vous*.

Emile Bernard hatte das Atelier inne, in dem jetzt noch Suzanne Valadon und Utter wohnen. Er führte lange Diskussionen über Kunst und andere Dinge mit Paul Fort, dessen Schwager er war.

Reverdy folgte auf Dufy, der seinerseits Friesz abgelöst hatte in einer kleinen Wohnung, die mit einem Türmchen verziert war. Über eine Treppe, die das Türmchen flankierte, gelangte man in die Wohnung, die sie ‚ihren Turm' nannten.

Galanis in seinem Atelier, das von kleinen Räumen umgeben war, war auf Léon Bloy gefolgt, der hier mit seiner Frau und seinen Töchtern gewohnt hatte, die man antraf, wenn sie in die Messe gingen, immer sehr ernst und mit korrekt gesenkten Blicken.

Auf der *Butte* war auch noch das kleine italienische Restaurant *Au Coucou*, wo Picasso, Apollinaire, Max Jacob, Braque und die andern im Freien zu Mittag aßen, wenn sie Geld hatten. Mit diesen Mittagessen zu drei oder vier Franken hat Vater Vincent sein Glück gemacht, und er konnte sich mit seiner Familie nach Italien zurückziehen in dem Moment, als Neumont die unglückliche Idee hatte, auf dieser kleinen *Place du Tertre* ein scheußliches Haus mit Atelier bauen zu lassen, das endgültig eine einzigartige Aussicht versperrte.

Übrigens kamen die Künstler, seitdem sie erfolgreich waren, weniger auf die *Butte;* sie fingen schon an, sich zu zerstreuen.

Eine Hausräuke bei Derain

Derain hatte *Les Fusains* verlassen, um ein Atelier an der *Rue Bonaparte* Nr. 13 zu beziehen, in welchem Hause auch Dunoyer de Segonzac wohnte. Die Einweihung dieses Ateliers war einzigartig.

Man aß und trank viel und gut bei Derain. Wir waren dort mit Picasso, Apollinaire, Marie Laurencin, vielleicht auch Max Jacob, ich erinnere mich nicht mehr genau. Marie war benebelt an diesem Abend und wiederholte die ganze Zeit das gleiche Wort, das Cambronne nicht mißbilligt hätte. Zwischenhinein sang sie auf reizende Weise mit einer Stimme, die eben so angenehm war wie die ihrer Mutter, alte Lieder wie etwa:

Dans ce malheureux monde
On n'y fait que languir.
J'aime la brune, la blonde ... Oder:

L'Ermite, un jour, se promenant Oder auch:

La chanson du traître Biron.

Wir gingen dann alle miteinander weg, und es gab in der stillen *Rue Bonaparte* einen gehörigen Spektakel.

Ich erinnere mich, daß Derain sogar, um seine Kraft zu zeigen, das Geländer der kleinen Treppe beim *Pont des Arts* verdrehte. Wir strandeten gegen drei Uhr morgens bei den *Halles*. Von da an ging alles schlecht. Derain und seine Frau stritten sich. Man ließ sie allein, und am andern Tag erzählten sie uns, daß sie auf dem Polizeiposten ihres Quartiers gelandet seien: ‚Beschimpfung der Polizei'. Es gab ein kleines Nachspiel, das mit einem leichten Verweis endigte.

All dies störte die Arbeit nur wenig, die mehr denn je zum Sinn des Lebens geworden war.

An der Arbeit

Die Kunst von Marie Laurencin wandelte sich, wobei die Modezeichnungen der Achtzigerjahre einen gewissen Einfluß ausübten. Sie verheiratete sich dann mit einem jungen, vornehmen deutschen Maler, der nicht unbegabt war, sich aber nicht behaupten konnte, offenbar weil er durch den Abglanz seiner Frau geblendet war. Die Baronin Marie Laurencin ließ den Baron in ihrem Schatten leben.

Picasso schloß sich ganze Tage in seinem Atelier am *Boulevard de Clichy* ein und ließ sich von niemandem stören, wer es auch sein mochte. Er wurde wütend, wenn ein aufdringlicher Besucher durch diese geheiligte Türe eindrang.

Er arbeitete unaufhörlich und ging erst bei Einbruch der Dunkelheit aus. Er war unzufrieden, wenn er wegen dringender Besorgungen einen Tag verlor. Um zufrieden zu sein, mußte er offenbar in dieser besonderen Atmosphäre, die er sich geschaffen, bleiben können. Ich sage nicht, ‚um glücklich zu sein', denn ich kann mir nicht denken, daß er wirklich glücklich war. Jedoch kamen immer Freunde zu ihm zu Tisch, und er aß selten allein.

Alle arbeiteten etwa ebenso viel wie er, und man sah sich erst am Abend. Nachts kam man sehr spät heim; aber man holte die verlorene Zeit wieder ein durch eine Beharrlichkeit, die selten nachließ.

Apollinaire verdiente auch Geld. Er schrieb ziemlich geheimnisvoll für einen Buchhändler auf dem linken Ufer. Ich weiß, daß er nicht gerne von dieser Arbeit sprach, daß er aber offen darüber lachte.

Die Literatur ließ sich nicht so leicht verkaufen wie die Malerei, auf alle Fälle wurde sie schlechter bezahlt.

Max kam am langsamsten vorwärts; er saß zu viel zu Hause und sträubte sich, das Nötige zu unternehmen, um seine literarischen Arbeiten unterzubringen. Er hatte wohl auch nicht, wie Apollinaire und Salmon, die Leichtigkeit für journalistische Arbeit; er verzettelte seine Energie mit kleinen, unbedeutenden Dingen. Er war immer ein Freund des Details, der kleinen Begebenheiten und blieb seiner Phantasie unterworfen in den harmlosesten und ernstesten Situationen des Lebens.

Nun ist der Ruhm gekommen, und was vor dem Krieg ernsthafter, eifriger, erregender Anstrengung zu verdanken war, ist von jetzt an zum Teil eine Sache der Spekulation, von der die Künstler profitieren, für die sie aber nicht verantwortlich sind.

Die Händler, die mehr oder weniger überzeugten Liebhaber, haben ihre Bemühungen vereinigt. Die Werke der Künstler, von denen ich gesprochen habe und von vielen andern, sind in ihren Händen Werte wie bei den Börsenspekulanten der Zucker, das Kupfer, der Kautschuk. Der Sammler Libaude hatte die Lage erfaßt, als er sagte: «Ich kaufe die Picasso nicht, weil sie mir gefallen, sondern weil sie eines Tages viel gelten werden.»

Ach, diese Herren hatten nicht die Seele eines Paco Durio, der sein Elend vergessen konnte, wenn er mit zärtlicher Inbrunst die Werke seines Freundes Gauguin betrachtete, von denen er sich um kein Geld getrennt hätte.

Ich habe einige andere gekannt, aber nenne nur Matisse, der, in seiner schlimmsten Not von seiner Frau unterstützt, einen einzigen Cézanne in Verehrung behielt und so seinen drei Kindern die Freude und die Liebe für die Kunst weitergab.

Picasso im Atelier des Bildhauers Gargallo. Paris 1915

(unten) Amedeo Modigliani: Porträtzeichnung von Picasso. 1915

(oben links)
Picasso: Kubistisches Bildnis von Daniel-Henry Kahnweiler. Öl. 1910

(oben rechts)
D.-H. Kahnweiler, fotografiert von Picasso in seinem Atelier, 11, Boulevard de Clichy, 1912

(unten) Picasso um 1916

(oben links) Juan Gris

(oben rechts) Alfred Jarry

(unten) Gertrude Stein. 1906

Fernande Olivier in ihrer Wohnung in Neuilly sur Seine. 1956

So war auch Zuloaga, der inmitten der Greco und Goya lebte, die er in den Kirchen und Klöstern Spaniens, oft im Austausch gegen eines seiner Werke, erworben hatte.

Diese Klöster, diese Kirchen sind übrigens vieler Meisterwerke beraubt worden, (wie auch unsere Bauern ihrer alten Möbel beraubt wurden und sich glücklich schätzten, diese gegen Serienmöbel aus Paris austauschen zu können). Denn ach, heute gibt es Meisterwerke nur noch in den Museen, bei den Kunsthändlern und bei den avantgardistischen Künstlern. Doch um die Wahrheit zu sagen, muß ich beifügen, daß ich in einer nun schon fernen Vergangenheit bei Derain Werke von Corot und Chardin gesehen habe. Hatte er sie auch gegen eigene Werke eingetauscht? In diesem Fall müßte man ihn beglückwünschen und beneiden. Er schuldet ihnen viel, und es ist das wenigste was er für sie tun kann, ihnen einen Ehrenplatz zu bewahren. Wie übrigens bei andern Künstlern die Negerplastiken, die Wandteppiche, die Dekorations- und Modezeichnungen und alle die übrigen Dokumente, von denen man so viel Inspiration gewinnen konnte, ihren Platz gefunden haben.

Jetzt

Nach und nach hat sich die *Bande* aufgelöst, zerstreut. Schon im Jahre 1912 konnte man den beginnenden Riß spüren. Diese Gruppe von Künstlern, deren größte Kraft ihre Einigkeit gewesen war, hatte nicht mehr die gleiche Freude, beisammen zu sein.

Eine Art Mißtrauen hielt sie einander fern. Schließlich machte der Krieg aus diesem Riß eine Spalte. Die Angst führte sie für kurze Zeit wieder zusammen; aber diese Wiederannäherung war nicht von Dauer.

Nun erlaubte ihnen der Überfluß an Geld, sich frei zu machen, und die Verschiedenheit ihrer Neigungen trat in Erscheinung.

Die einen suchten die Einsamkeit, derer sie schon immer bedurft hatten. Die andern warfen sich im Gegenteil in den gesellschaftlichen Strudel.

Man besuchte nicht mehr die gleichen Häuser. Neue Freunde drängten sich auf und vertrieben die alten.

Jene, die vorzogen, außerhalb von Paris zu leben, wie Vlaminck, Matisse, Friesz, Max Jacob, sind fast gleich geblieben.

Andere, wie Van Dongen, sind mondän geworden. Um ihre Popularität zu bewahren, die sie doch durch ihr Talent besitzen sollten, haben sie es nötig, zu brillieren, bei allen Festen mitzumachen und an allen Wettbewerben teilzunehmen.

Wieder andere, wie Picasso, haben sich aus Schwäche und Eitelkeit von einem Kreise in Beschlag nehmen lassen, der ihnen immer fremd bleiben wird. Sie haben Heimweh nach den alten Zeiten, wo sie nicht einen Kragen anziehen mußten, wenn sie zu Freunden zum Essen gingen.

Es gibt solche, die gelb wurden vor Verdruß, weil sie finden, sie hätten nicht die Stellung, die ihnen gebühre. Andere hat der Erfolg liebenswürdig und fröhlich gemacht, wieder andere grüßen dich herablassend.

Alle besitzen ein Auto. Ihre jetzigen Frauen tragen Pelzmäntel. Alle haben sich Bedürfnisse zugelegt, die sie zwingen, im Räderwerk auszuharren.

Sie müssen arbeiten, arbeiten, sei es aus Gewohnheit, sei es, um ein neues Auto zu bezahlen, sei es, um ihren Ruhm, der sie oft bedrückt, lebendig zu erhalten.

Da sie die innere, wirkliche Einsamkeit kennen, haben sie nicht mehr die gleiche Freude an der Arbeit.

Aber ich kenne einige Künstlerfrauen, Gefährtinnen guter und böser Stunden in der Jugendzeit, die auch einsam altern und ihre Erinnerungen als treue Begleiter haben.

Namenregister

Bilderverzeichnis

Der Verlag dankt Frau Fernande Olivier, Herrn Francis Carco, Herrn Roland Penrose, den Fotografen Marc Vaux und Roger Viollet, den Redaktoren der Monatsschrift ,L'Oeil', den Archives Photographiques Nationales in Paris sowie dem Museum für moderne Kunst in Barcelona für ihre freundliche Unterstützung bei der Beschaffung des Bildmaterials.

Inhalt

1910 – 1913

Ausgewählt von Daniel Keel
Mit sieben Zeichnungen des Meisters
128 Seiten

»Über Bilder läßt sich nichts sagen, man liebt sie oder verabscheut sie, aber mit Worten lassen sie sich nicht erklären.«

Pablo Picasso